Le Pendule

(collection ABC)

Collection ABC

Équilibre

ABC de l'Âyurveda, S. Verbois
Les Chakras et les corps subtils, R. Degrémont
L'EFT, L. Luyé-Tanet
Le Feng Shui, P. Joly
La Gymnastique émotionnelle, M. Veilleux
Le Jeûne, D. Mérien
Le Magnétisme, J. Mandorla
Le Mandala créatif, M. Rayth
Le Massage californien, H. Campan
Les Médecines et thérapies alternatives, M. Delclos
La Méditation pour les enfants, B. Baudouin
Les Ondes nocives, J. Mandorla
Le Qi Gong, Liu Dong
Le Qi Gong des enfants, L. Cortadellas
ABC de la Réflexologie plantaire, D. Lamboley
Le Reiki, P. Wagner
Le Shiatsu, H. Campan
La Sophrologie, B. Dretz
ABC du Taï Chi Chuan, L. Wan der Heyoten
ABC de la Voix, C. Guedj
Le Yoga énergétique du son, D. Debienassis

Psychologie

L'Art-thérapie, A. Dikann
Le Décodage dentaire, Dr C. Beyer
ABC de l'EMDR, S. Madoun et D. Dumonteil
L'Ennéagramme, E. Salmon
ABC de la Généalogie analytique, A. Camus
L'Hypnose éricksonienne, D. Garibal-Bénichou
La Morphopsychologie, C. Binet
La Psychologie et la psychanalyse, C. Morel
La Psychologie jungienne, C. Sédillot
ABC de la Psychologie transgénérationnelle, J. Allais
ABC des Psychothérapies, C. Morel
ABC de la Sexualité, J. M. Fitremann
ABC du Symbole, C. Sédillot et E. Zana
ABC de la Symbolique des rêves, C. Morel
ABC du Tarot analytique, S. Lamour
ABC du Tarot psychologique, C. Morel
ABC de la Thérapie par les sons, I. Haugmard

Spiritualité / Religion

Les Anges gardiens, J.-M. Paffenhoff
Le Bouddhisme, F. Midal
L'Éveil spirituel, S. Depraz
ABC des Invocations sacrées, F.-W. Schaffner
ABC de l'Islam, M. Arkoun
ABC du Judaïsme, J. Eisenberg
La Kabbale, D. Souffir
ABC de la Kabbale chrétienne, J.-L. de Biasi
ABC de la Magie sacrée, J.-L. de Biasi
ABC du Soufisme, H. et A. Sharifi
ABC du Tao, J. E. Deschamps

Ésotérisme

ABC de l'Alchimie, C. Sédillot
L'Astrologie, D. de Caumon
ABC de l'Astrologie chinoise, D. de Caumon
L'Astrologie indienne, D. Huat
ABC de l'Astrologie kabbaliste, R. Graffin
ABC de l'Astrologie karmique, L. Larzul
ABC de l'Astrologie prévisionnelle, C. Aubier
La Cartomancie, G. Sciuto
ABC de la Chiromancie, M. Decreuse
La Communication avec l'au-delà, S. Depraz
L'Ésotérisme et la spiritualité, J.-L. Caradeau
La Magie blanche, P. Guérin
ABC de la Magie traditionnelle, P. Guérin
ABC de la Magie tsigane, M. L. Questin
ABC de la Méditation druidique, M. L. Questin
La Numérologie, J.-D. Fermier
Les Pierres et cristaux magiques, L.-M. Lecompte
La Radiesthésie, J. Mandorla et J.-L. Crozier
La Radionique, M. Grenier
ABC des Réussites, M. Decreuse
Les Runes, J.-P. Ronecker
ABC de la Symbolique dans le Tarot de Marseille, C. Silvestre
Les Tarots, C. Silvestre
La Voyance, C. Mariette
ABC du Yi-King divinatoire, A. Gesbert

Recevez notre catalogue sur simple demande

Michel Hennique

Le Pendule

(collection ABC)

Préface de Jacques Mandorla

Grancher

Illustrations originales : Gwenola Faye - Solenne Siben
Mise en pages : Séverine Coatalen

ISBN : 978-2-73391-026-9
ISSN : 0761-019X

355, rue de la Montagne noire
31750 Escalquens
www.grancher.com
grancher@piktos.fr

Remerciements

Je dédie ce livre à mon père Robert Hennique qui, de très bonne heure, a su m'intéresser et me passionner à cet art magnifique qu'est la radiesthésie. Qu'il en soit remercié au travers de cet humble ouvrage.

Cet ouvrage est aussi dédié à tous ceux qui ont contribué à me faire découvrir et aimer ce fascinant univers de la radiesthésie, et plus particulièrement à :
Pierre Clochey mon grand-père maternel, agriculteur, homme de sagesse et sourcier à ses heures.
France Hennique, ma fille, qui a eu l'excellente idée de m'offrir un jour un petit pendule accompagné de sa méthode et par laquelle tout a commencé.
René Soulard, mon cher et fidèle ami, qui m'a fait prendre conscience de mon don et surtout aidé à faire mes premiers pas de sourcier. Grâce à lui, j'ai pu m'adonner sans réserve à cette recherche de l'or blanc qui me passionne encore plus aujourd'hui... qu'hier.
Raymond Balitrand, mon chaleureux ami, complice de mille et une recherches et expériences passionnantes en Provence-Alpes-Côte d'Azur.
Jean Piacentino sourcier à la Ciotat, redoutable chasseur de sources, dont l'amitié récente ne s'est jamais démentie au fil des jours.
Et, enfin, à mon épouse Colette, pour sa patience sans bornes à mon égard face à de redoutables créatures féminines : mes sources !

Préface

J'ai eu la chance de connaître Michel Hennique à la fin des années 1990. Je dirigeais alors le magazine *Facteur X*, version française de l'Encyclopédie du Paranormal, *X Factor*. Un jour, j'apprends qu'un sourcier de la Côte d'Azur obtient, paraît-il, des résultats extraordinaires. Toujours à l'affût de la découverte de personnes aux capacités étonnantes, je décide de descendre à Mougins afin de rencontrer, sur place, le célèbre « dénicheur de sources ».

Affable, disponible, toujours de bonne humeur, Michel Hennique me reçoit chez lui et me raconte les grandes étapes de sa vie : sa carrière dans la communication au sein du groupe Havas où nous aurions pu, étrange coïncidence, nous rencontrer ; sa découverte tardive de l'art de la radiesthésie grâce à sa rencontre capitale avec René Soulard, sourcier de Charente-Maritime ; sa retraite qu'il venait juste de prendre et allait lui laisser beaucoup de temps libre pour exercer sa nouvelle passion.

Très vite, le courant passant entre nous, nous évoquons ensemble les différents sujets traités dans l'*ABC de la Radiesthésie*, que je venais d'écrire avec mon complice Jean-Louis Crozier. Et comme l'on finit par se dire que rien ne valait l'expérience sur le terrain, Michel Hennique propose de m'emmener le lendemain sur l'une de ses recherches de source. J'ai alors pu apprécier avec quelle rigueur, quel acharnement, quelle maîtrise et surtout quelle passion, il se dépense lorsqu'il travaille avec son pendule et sa baguette.

Aujourd'hui, je n'ai qu'un seul regret : ne pas avoir pu présenter Michel Hennique au célèbre professeur Yves Rocard, qui s'est éteint en avril 1992 et avec lequel j'ai travaillé pendant les six dernières années de sa vie. J'aurais aimé que le célèbre physicien, auteur de l'incontournable ouvrage *Le signal du sourcier* (Éditions Dunod), soumette Michel Hennique à des tests scientifiques, identiques à ceux que nous avons fait faire au magnétiseur Jacques Montagner ou au radiesthésiste Jean-Louis Crozier. Nous serions alors peut-être parvenus à comprendre pourquoi Michel Hennique peut découvrir des sources à des profondeurs allant jusqu'à 300 mètres, avec un taux de réussite de 97 % !

Ce résultat statistique phénoménal symbolise, à mes yeux, la nouvelle génération de sourciers représentée par Michel Hennique. Ces sourciers qui seront chargés de relever le principal défi de l'humanité au cours du troisième millénaire : celui de la recherche de l'eau. Cette eau, aujourd'hui si rare et si précieuse, devenue absolument vitale pour notre planète et qu'on baptise pour cette raison : « l'or blanc ».

Quand le moment de se quitter est arrivé, j'ai posé une dernière question à Michel Hennique sur la beauté du métier de radiesthésiste. Voici sa réponse : « La passion des sources demande de la patience et beaucoup d'humilité, car il faut accepter ses échecs et surtout essayer de les comprendre. Chaque recherche est différente,

chacune a son histoire et possède une sorte d'âme spécifique. C'est pourquoi un sourcier doit toujours se remettre en cause et modifier ses méthodes pour évoluer dans son art. Il lui faut apprendre à travailler totalement dans l'inconnu, sans tenir compte des avis, et savoir décrypter les réponses de ses instruments.
Personnellement, malgré les bons résultats que j'obtiens, je me considère toujours comme un apprenti-sourcier. Je n'ai qu'une seule certitude : compte tenu de la consommation effrénée d'eau sur notre planète, le merveilleux métier de sourcier que je pratique a encore de très beaux jours devant lui ! »

Jacques Mandorla
Auteur de
ABC du Magnétisme
ABC de la Radiesthésie (avec Jean-Louis Crozier) (1)
Croyez aux dons qui sont en vous (2)

1 - Éditions Grancher
2 - Éditions Trajectoire

Avant-propos

Pratiquant la radiesthésie sous de multiples formes depuis plus de vingt ans, j'ai choisi une spécialité plus que jamais d'actualité : celle de la recherche de l'eau. Cette passion de sourcier m'a obligé, au fil des années, à comprendre et à observer en détail les mécanismes des sources. Ainsi, pour y parvenir, j'ai dû étudier l'environnement de la nature, décrypter ses règles, ses lois, comprendre la géologie des lieux que je prospectais, savoir pourquoi tel ou tel secteur était plus favorable aux passages d'eau que d'autres.
J'ai dû assister à des centaines de forages pour être aguerri aux techniques de captages. En lisant les cartes géologiques spécialisées, j'ai appris à les interpréter, à les utiliser chaque jour en y associant GPS, boussole, cartes IGN, ordinateur, baguettes et pendules, antenne de Lecher (3). Toutes ces techniques m'ont ainsi permis de compléter et d'enrichir ce fameux ressenti du sourcier. À

3 - On peut considérer que l'antenne de Lecher est la baguette du sourcier moderne, car elle a la particularité d'être sélective, grâce à un curseur que l'on règle suivant un étalonnage précis. Elle a surtout le mérite d'être beaucoup plus précise et efficace que la traditionnelle baguette de sourcier. Elle a été créée en 1980 par un physicien allemand, Ernst Lecher, qui démontra que la vitesse de l'onde électromagnétique était pratiquement égale à celle de la lumière. Cet instrument permet de détecter les différences de potentiels électromagnétiques des sous-sols.

ma grande surprise, j'ai pu constater que la radiesthésie, considérée comme une méthode ancienne, s'accommodait fort bien d'autres approches, nouvelles et modernes. Mais alors, comment définir ce qu'est la radiesthésie ? Redoutable dilemme... Est-ce un don, un art, un fait paranormal ou, tout simplement, un moyen naturel pour obtenir, grâce à une discipline subtile du cerveau humain, certaines réponses ? Aujourd'hui avec un plus de recul, je considère qu'elle relève essentiellement du système psychique et cérébral. Elle mobilise à la fois le système nerveux et le système physique dans l'activité de sourcier, que j'exerce depuis de très nombreuses années.

La radiesthésie est un moyen, pour l'homme, de trouver des choses ou des éléments cachés à sa vue. Ce moyen particulier semble échapper à tout raisonnement rationnel. De nombreux scientifiques ont essayé de comprendre, de décrypter cet art qui intrigue et fascine depuis la nuit des temps, sans être parvenus à l'expliquer clairement. Il est vrai aussi que méthodes ou instruments n'ont pas toujours été adaptés pour étudier cet art un peu particulier... On a voulu le quantifier, le mesurer, le comparer ou l'opposer à des disciplines physiques, alors que ses mécanismes sont d'origine mentale. Selon certains, il relèverait des sciences occultes, pour d'autres il développerait chez des personnes une hypersensibilité qui déclencherait un phénomène d'intuition provoquée. On cite également l'intervention du magnétisme (4) humain, un effet psy et aussi le hasard ! De toutes ces pistes, aucune n'a véritablement apporté, à ce jour, sa part de certitude. Force est donc d'admettre que la piste mentale et psychique est de loin la plus plausible, car il n'y a pas de radiesthésie sans... radiesthésistes.

4 - Voir ABC du magnétisme *de Jacques Mandorla (Éditions Grancher)*

Sans l'intervention directe de l'homme dans l'acte radiesthésique, aucune recherche n'est possible.
Alors prenons cet art pour ce qu'il est : un art varié, passionnant, étendu, inconstant parfois dans ses résultats, et surtout, un art qui doit être adapté à notre tempérament et à notre sensibilité.
Même s'il n'y a jamais eu de réponse à son sujet, la radiesthésie est bel et bien un fait réel. L'actualité le démontre par des articles de presse, des reportages télévisés relatant des réussites étonnantes obtenues par des radiesthésistes amateurs.
La radiesthésie actuelle se compare un peu au corps médical : comme lui, elle a ses généralistes, mais aussi ses spécialistes. Certains cherchent de l'eau, d'autres des personnes disparues, d'autres encore recherchent des sites historiques, des trésors oubliés...

Selon le type de recherches, le radiesthésiste doit acquérir des connaissances approfondies en hydrologie, histoire, psychologie... Le praticien doit mettre en œuvre toute une méthodologie de travail, une préparation rigoureuse, collecter des faits, des éléments avant de voir tourner son pendule. Il faut reconnaître que la radiesthésie apporte à celui qui la pratique, une somme importante de connaissances générales qui enrichit son esprit au fil des années.
Mais avant d'en arriver là, notre radiesthésiste doit apprendre à maîtriser l'usage de son pendule. Comme le ferait un musicien avec son instrument : sa formation va immanquablement passer par des gammes, des exercices répétés qui vont lui faire acquérir des automatismes menant, à court terme, à une maîtrise régulière.

Laissez-vous prendre par la main : les pages qui suivent vont vous guider progressivement vers des exercices adaptés, simples et efficaces, qui vous feront prendre conscience du don qui sommeille peut-être en vous.
Bienvenue dans l'univers merveilleux et sans limites de la radiesthésie.

Introduction

J'ai décidé de mettre à profit mon expérience de sourcier au service de personnes qui ont envie de s'initier à la radiesthésie.

J'ai pris conscience rapidement que les techniques utilisées pour débusquer l'eau dans ses repaires les plus profonds, empruntaient souvent des éléments intervenant en radiesthésie, tels l'utilisation de pendules, de cadrans de comptages ou de conventions mentales.

Toutes ces techniques m'ont permis à ce jour, dans la recherche de l'eau, d'obtenir un taux de réussite annuelle de forages, frôlant les 97 %. Ce n'est plus le hasard qui intervient, mais la passion associée à la maîtrise de cet art.

Alors, la radiesthésie est-elle à la portée de tous ? À cette question, on peut répondre OUI ! Qui peut l'apprendre, la pratiquer ? Beaucoup plus de gens que vous ne l'imaginez.

Pour le débutant, la radiesthésie doit être simple, compréhensible et ne pas être encombrée de termes compliqués ou pseudo-scientifiques. Elle ne doit pas être perçue comme relevant du surnaturel, qui a tendance à faire admettre à l'esprit des choses que l'on ne peut expliquer rationnellement. Le débutant attend une radiesthésie simple, facile à apprendre, et cet ouvrage, espérons-le, répondra à ses souhaits. Oui par sa nature

même, la radiesthésie est simple puisqu'elle dépend totalement de l'activité mentale de celui qui la pratique. Pas d'instruments coûteux, sophistiqués ou de théories compliquées...
Une radiesthésie à la portée de tous.

Témoignage

Mon premier disparu, retrouvé vivant

En juillet 2006, vers 11h30, le téléphone sonne : je reconnais immédiatement la voix de l'adjudant C.M., commandant la brigade d'un secteur des Alpes-Maritimes pour lequel j'ai déjà réalisé des recherches de disparus.
Il désire me communiquer des éléments pour essayer de retrouver monsieur J.P. E., âgé de soixante ans, qui a brutalement disparu un soir, après, semble-t-il, une altercation avec son épouse.
Les habitants d'un petit village de l'arrière-pays niçois indiquent avoir retrouvé une voiture abandonnée, portes ouvertes, sur le bord de la route de campagne assez désertique qui mène au Mont Chauve. Le disparu est parti sur un coup de tête, en short et sandalettes pour tout habillement.
Je reçois par fax la photo du disparu et commence immédiatement ma recherche, qui est probablement la plus rapide que j'ai eu à faire, car elle a donné un résultat positif deux heures seulement après l'appel de la gendarmerie !
J'examine en détail le visage du disparu sur la photo : l'homme sourit derrière ses petites lunettes et semble me narguer.

Mes premières réponses : grande faiblesse – perte de connaissance – localisation dans le vallon de la Grau et des Fours sur le flanc gauche du Mont Chauve – coordonnées GPS : N 43°46.623 et E 006°14.512.
Pour moi, le disparu est vivant mais très affaibli, il s'est probablement blessé dans une chute et est en état hypothermique, sous-alimenté.
Le commandant de brigade met aussitôt en place un dispositif léger de quatre hommes aguerris pour ce type de recherches qui se rendent en véhicule tout-terrain sur la zone de recherches. Une heure plus tard, il m'appelle : « On vient de retrouver le disparu : il était à 10 mètres de l'endroit que vous avez indiqué. Il est profondément blessé au visage, traumatisé et surtout déshydraté. Quand nous sommes arrivés vers lui, il ne répondait pas à nos appels, il était sans connaissance. Il est à l'hôpital Pasteur de Nice où il subit des examens. Je vous tiendrai au courant de son état dans les jours à venir. Encore mille fois merci. »
La semaine suivante, l'homme est sorti de l'hôpital.
Dans ces moments-là, le radiesthésiste que je suis a la sensation d'être sur un merveilleux petit nuage. Mais toutes les recherches de personnes disparues ne se terminent pas toujours aussi bien. Malheureusement.

CHAPITRE 1

La découverte de l'acte radiesthésique

La radiesthésie est l'art de rechercher des choses, des personnes ou des objets cachés à notre vue, que l'on ne pourrait pas trouver par nos facultés normales.
Elle est à mes yeux, une forme de pensée, une discipline, une éducation de l'esprit : elle relève du bon sens, de la logique. Elle reste cependant humaine et ne relève pas, comme certains s'accordent à le dire, de la magie, du surnaturel ou du paranormal.
Ne cherchons pas à la mesurer, la quantifier, avec des procédés scientifiques : notre propos n'est pas d'alimenter cette sempiternelle querelle existant entre scientifiques et radiesthésistes... Comment pourrait-on analyser, mesurer et comprendre l'action mystérieuse qui fait d'un être humain, un peintre exceptionnel, un écrivain renommé ou un sommelier capable, grâce à son odorat, de reconnaître les meilleurs crus par années ? Toutes ces qualités relèvent d'une structure cérébrale particulière dont l'homme a hérité à sa naissance.
La radiesthésie peut donc être considérée comme un art et, comme dans tous les arts, cette discipline fait appel à plusieurs composantes courantes, que sont la pensée, la réflexion, la déduction, la maîtrise et surtout la méthode.

En radiesthésie, concevoir sa propre méthode de recherche est une nécessité, car sans une méthode simple mais rigoureuse, il n'est pas possible d'obtenir de bons résultats. L'absence d'une méthode d'approche est la cause écrasante des échecs radiesthésiques, car notre inconscient a horreur de l'imprécision. Il est comme la mémoire d'un ordinateur, qui ne sait plus où aller chercher ni où se diriger pour trouver des informations enfouies dans plusieurs fichiers.

L'inconscient doit, pour parvenir à trouver une solution, « digérer » un certain nombre d'éléments sous la forme de questions triées, segmentées, chacune apportant son lot de précisions.

Une activité essentiellement mentale qui se décompose en cinq phases

La radiesthésie, nous ne le répéterons jamais assez, est totalement dépendante de la pensée humaine. Sans elle, rien ne s'opère.

La pensée est le moteur de la recherche, cette dernière est une serrure, et la pensée en est la clé, c'est elle qui va ouvrir la porte pour trouver la solution. Cette clé est elle-même dépendante de combinaisons subtiles, qui s'appellent le subconscient et l'inconscient. Au cours d'une recherche, ce dernier est activé, sollicité en permanence par la pensée. En revanche, il ne semble pas que le magnétisme humain entre en ligne de compte dans l'acte radiesthésique.

Pour mieux comprendre le détail de cette prise de conscience, il est indispensable pour l'opérateur de connaître le cheminement de sa pensée, au cours de l'acte radiesthésique. Celui-ci passe par cinq phases qui vont aboutir au résultat final, à savoir trouver la chose cachée et cela grâce au travail de l'inconscient.

Phase 1 - Établir un lien formel entre tous les éléments de la recherche
Moyens : bien définir l'objet de la recherche (orienter mentalement sa pensée)
Exemple : je cherche la montre perdue il y a quatre jours et appartenant à ma belle-sœur.

Phase 2 - Sensibiliser l'esprit vers la chose ou l'objet recherchés
Moyens : bien se mettre en mémoire les détails particuliers de l'objet recherché.
Exemple : il s'agit d'une montre en or au cadran mat.

Phase 3 - Projeter la pensée vers l'objet de la recherche
Moyens : respirer profondément et expirer très lentement, en imaginant son esprit allant à la rencontre de l'objet.
Exemple : fabriquer mentalement des images de l'objet recherché, se concentrer, fermer les yeux et visualiser intérieurement la montre portée par la jeune femme.

Phase 4 - Définir avec clarté le cheminement des questions
Moyens : en disséquant ces questions, de façon à sensibiliser l'inconscient qui va travailler pour obtenir la solution.
Exemple : quand a-t-elle été perdue ? Sur quel trajet ? Dans quel magasin ? Approximativement vers quelle heure s'est-on aperçu de sa perte ?

Phase 5 - Fabriquer une ou plusieurs images mentales
Les images mentales vont faciliter la mise en route des réflexes neuromusculaires qui vont activer les mouvements du pendule de façon inconsciente.
Moyens : se représenter mentalement l'objet, par exemple en fermant les yeux ou en fixant, pendant quelques secondes, un mur clair. L'objet doit apparaître à la manière d'une image télévisée. L'esprit sait fort bien fabriquer ce genre d'images. Cette technique a pour but d'accroître votre réceptivité à la chose recherchée.

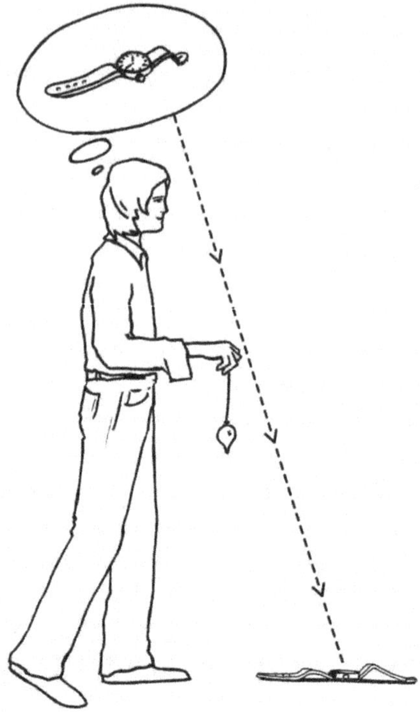

Recherche d'une montre

Deux auxiliaires précieux de la radiesthésie : le subconscient et l'inconscient

L'un organise et ordonne les actes, les pensées, à partir de l'intelligence, il est le moteur essentiel de notre activité mentale ; l'autre apporte des solutions à notre insu, lorsque notre conscience est au repos. Nous verrons plus loin, qu'en radiesthésie ils sont indissociables et complémentaires à la fois.

Le premier organise sciemment le travail mental, favorise les suggestions nécessaires à l'utilisation de conventions mentales, tandis que l'autre apporte les réponses aux problèmes posés.

Exemple bien connu : celui du musicien qui, à partir du subconscient et de son intelligence, décrypte la partition alors que ses mains exécutent presque machinalement le morceau. L'inconscient organise le jeu de mains de l'interprète, tandis que le subconscient participe à la lecture et à la compréhension de la partition.

Un pianiste

L'inconscient est l'allié de tout radiesthésiste

Comme vous l'avez compris, l'inconscient va, sous la forme d'une intense activité mentale, aller chercher ses informations dans les parties les plus subtiles du cerveau. Nous allons voir comment prendre conscience de l'activité débordante, et non moins surprenante, de notre inconscient. Nous allons découvrir que derrière ces termes un peu compliqués se déroulent, en vérité, des choses très simples... Pour bien comprendre l'élément moteur qu'est l'inconscient indissociable de l'acte radiesthésique, prenons plusieurs exemples.

Subconscient et inconscient : comment fonctionnent-ils ?
Ce sont des impulsions mentales qui travaillent à notre insu et favorisent la solution d'un problème, alors que notre subconscient est au repos ! Et pour s'en convaincre, voici quelques cas qui illustrent à merveille ce raisonnement, dans notre vie quotidienne.
Lorsqu'une personne n'arrive pas à trouver une solution à un problème personnel, ne l'avez-vous jamais entendue prononcer cette phrase : « On verra bien demain, la nuit porte conseil » ? En prononçant mentalement cette formule, elle demande tout simplement à son subconscient de commander à son inconscient d'exécuter une tâche : trouver la solution à son problème. Comme par miracle, le lendemain matin dès son réveil, effectivement, la solution lui apparaîtra limpide.
Autre exemple : vous êtes au volant de votre voiture et, après une demi-heure de trajet, vous vous retrouvez devant le portail de votre maison presque inconsciemment... Votre pensée au cours du trajet était ailleurs et votre inconscient a pris le relais des commandes, comme l'aurait fait un pilote automatique. Vous avez conduit votre voiture, débrayé, freiné aux divers feux rouges et, tout cela, sans vous en rendre compte. L'ensemble de ces automatismes a tout simplement été enregistré dans votre inconscient qui, sollicité par votre pensée occupée ailleurs, a pris le relais de la conduite.
Autre exemple du merveilleux travail de votre inconscient : vous devez prendre un train et vous rendre impérativement à la gare à huit heures du matin. Par précaution, vous réglez votre réveil vers 6h45, prévoyant ainsi une solide avance. Il y a de fortes chances que la peur de ne pas vous réveiller à temps vous fasse ouvrir les yeux bien avant l'heure prévue. Votre inconscient s'est mis en veille en quelque sorte et, sur l'ordre de votre subconscient, vous a réveillé avant l'heure dite. Votre inconscient s'est déclenché dès que votre conscience a cessé toute activité pendant votre sommeil.

Et combien d'inventions ou de solutions scientifiques ont été trouvées pendant ces périodes de détente ou de repos, grâce à ces mécanismes physiologiques ?
Voilà, expliqué de façon imagée, le travail de l'inconscient, applicable en radiesthésie. Des exemples comme ceux-ci foisonnent et participent à votre vie quotidienne. Inconscient et subconscient sont les piliers de la radiesthésie : ce sont eux que vous devez savoir solliciter dans tout acte radiesthésique.

Attention aux idées vagabondes qui parasitent vos recherches...
L'apprenti radiesthésiste doit maîtriser le cours de sa pensée pendant toute la durée de sa recherche. La condition indispensable pour la réussir, et maîtriser sa pensée, implique de maintenir en quasi-permanence, avec vigueur et fixité, son vif désir de réussir sa recherche. Si un léger moment de doute s'instaure, si la pensée est interrompue par quelques idées vagabondes et fugitives, la recherche va être immédiatement parasitée et l'échec certain.
Vous serez surpris de voir avec quelle rapidité votre esprit fabrique des idées, des images qui viennent s'imbriquer dans le cours de votre réflexion, de votre recherche. Ces agressions intellectuelles répétées favorisent des instants brefs de distraction, occasionnent des microcoupures dans votre travail de réflexion intellectuelle. Essayer de ne penser à rien véritablement, est un acte très compliqué. Il est difficile de faire un « blanc » total dans votre esprit pendant plusieurs secondes. Il y a toujours une pensée, un souvenir, une réflexion qui cherchent à forcer la porte pour s'infiltrer dans votre cerveau. Celui-ci est aussitôt mobilisé par ce nouvel élément et décroche littéralement de la recherche en cours. C'est l'écueil classique en radiesthésie.
Il ne faut pas avoir peur de se répéter mentalement des phrases comme : « Je suis insensible aux pensées fugi-

tives », « Mon esprit est concentré sur ma recherche ». Cet effort de volonté va ériger un barrage protecteur et vous protéger d'idées étrangères à votre problème.
L'idéal est de donner des ordres à votre cerveau, comme si vous vouliez sermonner une autre personne. Soyez clair et précis dans le cheminement de vos questions. Lorsque vous examinez l'objet-témoin destiné à localiser le vrai objet égaré, vous serez surpris de constater que vous le regardez, mais en fait vous ne le voyez pas vraiment, avec tous ses petits détails particuliers...
Pourtant, ce sont bien ces petits détails qui vont faire la différence et permettre à votre esprit de ne pas vagabonder, de s'accrocher avec ténacité pour bien identifier l'objet en question.

Il n'y a pas d'actes radiesthésiques sans radiesthésistes
Comme vous l'avez compris, la radiesthésie se pratique à partir d'une activité intellectuelle intense. Tout part de l'homme, tout se résout par l'homme.
Un pendule ne peut fonctionner seul, une baguette de sourcier ne peut tourner également seule... Tous ces instruments ne sont que des antennes, les prolongements de nos réactions. Considérons-les, avant tout, comme des amplificateurs : ils n'ont pas d'autres rôles.
Oubliez, une fois pour toutes, les vertus qu'on prête aux pendules. Peu importent la matière ou la forme de ces instruments : seul l'homme est l'élément moteur de toute recherche et, sans lui, aucun acte radiesthésique n'est possible. Il est un peu facile d'imaginer que c'est l'instrument qui fait l'homme radiesthésiste. Si vous pensez que le seul fait d'écrire avec le stylo d'un auteur célèbre fera de vous un autre auteur célèbre, attendez-vous à avoir une cruelle déception...
L'homme est en lui-même le véritable instrument de la radiesthésie. Il émet une idée et, en retour, attend une réponse de son pendule. Il est à la fois émetteur et récepteur.

La radiesthésie n'est pas réservée à un groupe de privilégiés

Souvent le débutant se pose cette question : « Ai-je les aptitudes requises pour pratiquer cet art ? »

Après des années de pratique, je peux affirmer sans aucune hésitation qu'une proportion importante de personnes est apte à pratiquer la radiesthésie et même à obtenir d'honorables résultats. Souvent des praticiens ayant pignon sur rue et qui monnayent cher leurs actes, laissent croire qu'ils sont issus d'une élite, qu'ils ne peuvent transmettre leurs secrets (s'ils en ont). À les entendre, leur pendule leur procure certains pouvoirs… faisant supposer qu'ils sont les élus d'une puissance divine. La radiesthésie est tout autre chose et mérite d'autres approches.

Brossons le portrait du futur radiesthésiste : d'une façon générale, il apparaît comme quelqu'un doté d'une intelligence standard, d'une bonne santé, de bon sens et pourvu d'un système nerveux bien équilibré. D'autres qualités seront nécessaires par la suite : la régularité dans la pratique, la ténacité, une foi inébranlable et une quasi-totale maîtrise de son psychisme.

Il est bon d'ajouter qu'une bonne culture générale est la bienvenue, car elle permet d'acquérir de nombreuses connaissances pour accéder à diverses recherches qui seront abordées par le candidat, au fil de sa formation.

D'évidence, les esprits brouillons, les caractères agités, les illuminés, les personnes sujettes aux dépressions ou souffrant de carences graves auront les plus grandes difficultés à pratiquer la radiesthésie.

À l'inverse, d'autres personnes seront d'emblée plus douées que d'autres et progresseront plus vite. En revanche, les candidats dotés d'un très fort intellect, issus de formation scientifique, éprouveront peut-être plus de difficultés que d'autres, eu égard à un état d'esprit plus cartésien et rationnel. Ils considéreront que la

radiesthésie n'est pas toujours rationnelle pour un esprit « Qui ne croit que ce qu'il voit ».
On comprend, au travers de ces diverses explications, que « Monsieur tout le monde » est apte à pratiquer cet art merveilleux qu'est la radiesthésie.

Ce qu'il faut retenir

La radiesthésie est le résultat d'une activité mentale dirigée et organisée.

La majorité des personnes peuvent la pratiquer, car elle est une chose simple.

Subconscient et inconscient sont les amis fidèles du radiesthésiste.

***La règle des trois BS :
Bon Sens, Bonne Santé et Bon Suivi.***

***Le pendule ne possède pas toutes les qualités qu'on lui prête :
il n'est que l'amplificateur de nos réactions.***

En radiesthésie, l'homme est, à la fois, émetteur et récepteur.

Il n'y a pas de radiesthésie sans radiesthésistes.

Témoignage

La rencontre qui a changé ma vie

Parfois la vie vous réserve de sacrées surprises, et si l'on n'y prend pas garde on peut passer à côté de choses magnifiques sans s'en rendre compte ou alors beaucoup trop tard.
Une rencontre va, en effet, marquer ma vie personnelle puisqu'elle aura des implications majeures au moment de prendre ma retraite et au départ de ma vie d'apprenti radiesthésiste.
Je pratique la radiesthésie depuis 1979, date à laquelle ma fille m'a offert un pendule, accompagné d'une petite méthode, objets que j'ai laissés dans un tiroir pendant plusieurs mois, avant de me décider à découvrir à quoi pouvait servir cet instrument mystérieux.
Au départ, une chose me troublait profondément : on attribue trop de vertus au pendule. En lisant de nombreux articles de presse, je découvre que l'on peut presque tout faire avec un pendule : chercher des chiens perdus, des bijoux égarés, gagner au loto, guérir des maladies, rechercher des gens disparus, déterrer des trésors…
Je trouve ces propos un peu excessifs, pour ne pas dire mensongers, et ce côté « fantastique, extraordinaire » m'envahit de doutes sérieux. D'autant que j'ai vu mon père pratiquer la radiesthésie pendant plusieurs années et qu'il n'a jamais, à ma connaissance, réussi de pareilles prouesses. Bien au contraire, il se lamentait des difficultés qu'il rencontrait et des résultats qui n'étaient pas toujours à la hauteur de ses espérances, alors qu'il était pourtant un fervent pratiquant. Quant à mon grand-père maternel, vieux franc-comtois, agriculteur et formidable sourcier, il pratiquait la radiesthésie sans le savoir avec sa montre à gousset, en guise de pendule ! Ces quelques antécédents familiaux semblaient me faire des clins ▶

d'œil auxquels je n'accordais pas encore une grande attention.
Un jour, je me décide à exhumer pendule et méthode du tiroir où je les avais enfouis. Je commence par pratiquer des tests simples consistant à deviner sous quel petit pot de yaourt (vide et en carton) se trouve une clé de cadenas. Mon épouse dispose la clé, à mon insu, sous l'un des pots : je désigne de mon index gauche chaque pot, en citant ma convention mentale « La clé est-elle sous ce pot ? » Je suis surpris de la rapidité avec laquelle la réponse est obtenue car, aussitôt que mon index désigne le pot n° 4, le pendule se met à tourner dans le sens OUI… Mon épouse retourne celui-ci et la clé apparaît.
Je décide alors de multiplier les tests volontairement différents pour que ces essais se transforment en quasi-certitude. Ma femme, ayant une patience d'ange, multiplie les préparations des tests et note tous mes résultats. Ceux-ci sont surprenants : je réussis onze tests sur douze et j'en suis le premier étonné et stupéfait. Maintenant la notion du hasard ne peut plus être invoquée, d'autant que les jours suivants je refais inlassablement ces exercices et j'obtiens toujours des scores surprenants, même en changeant d'objet, ou d'emplacement, la clé étant remplacée par un petit coquillage. Petit à petit, je m'enhardis à d'autres petites recherches, telles que retrouver un objet caché dans la pièce où je me trouve, ou à partir d'une photo retournée, deviner de quel sexe est la personne.
Il faut se rendre à cette évidence : en général, les débutants réussissent leurs tests avec une moyenne de 60 à 80 %. C'est presque une constante, due à la fraîcheur du débutant, car son mental n'est pas encore parasité par des effets d'autosuggestion. En revanche, au fil des mois, les résultats obtenus sont moins spectaculaires et parfois même décourageants. Une des causes est souvent la fausse assurance que prend le débutant, surtout s'il ▶

s'aventure sur des recherches trop compliquées pour lui. L'apprenti radiesthésiste traverse alors cette fameuse période sombre où, fatigué et saturé, il se met à douter, ce qui peut le pousser à abandonner.
Personnellement, j'ai connu ces périodes et j'ai résisté à cette tentation en me raccrochant au fait que tous mes premiers tests avaient été excellents. Pour combattre ces mauvais moments, je décidais tout simplement d'interrompre mes exercices et de les reprendre parfois dix ou quinze jours plus tard. À l'heure actuelle, je connais encore ces moments de doute dans les recherches de personnes disparues, qui peuvent durer assez longtemps et où les enjeux sont considérables.
Nous sommes en 1985, je suis en poste en Martinique et l'une de mes collaboratrices me dit qu'un de ses amis pratique la radiesthésie depuis de nombreuses années en Charente-Maritime, obtenant des résultats flatteurs dans différents domaines : recherches de sources, d'animaux, d'objets et surtout de personnes disparues. Je décide d'entrer en contact avec lui, malgré les 8 000 kilomètres qui nous séparent. Ce premier contact s'avère chaleureux, passionné. Je sens que c'est réciproque et riche d'enseignements. Ce nouveau venu dans ma vie s'appelle René Soulard : il est à la retraite, après avoir pas mal bourlingué, un peu comme moi.
Je lui explique mon début de passion pour la radiesthésie et évoque avec lui les différentes approches qui ont été les miennes, étant très isolé aux Antilles.
Nous convenons d'un rendez-vous téléphonique tous les dix jours afin d'échanger nos méthodes, nos idées et surtout de réaliser des recherches en tandem... à distance, ce qui va ajouter du piment à nos expériences. Nous évoquons dans le détail nos doutes, nos certitudes, et surtout la façon d'aborder les problèmes. Sa vision de la radiesthésie est très proche de la mienne : réaliste, sincère et sans artifices. Des recherches, il y en aura des ▶

dizaines, durant plus de six années, sans jamais avoir eu l'occasion de nous rencontrer !
Cette collaboration mérite d'être racontée, car elle est unique dans les annales radiesthésiques. Notre façon de travailler se déroule en trois phases.
La première consiste, lorsque l'un de nous deux a une recherche à réaliser, à envoyer à l'autre tous les éléments nécessaires : photos, cartes, enveloppe timbrée pour la réponse...
La seconde à s'envoyer mutuellement le résultat de cette recherche.
Enfin la troisième à s'appeler au téléphone et à ouvrir en direct nos enveloppes contenant le résultat de chacun. Comment aurions-nous pu faire autrement ? Huit mille kilomètres nous séparaient ! Je dois dire que lorsque j'ouvrais ma boîte aux lettres, c'était le cœur battant que j'attendais l'heure propice pour appeler mon ami, car le décalage horaire de cinq heures ne facilitait pas les contacts.
Force est de constater que nos résultats ont concordé dans près de 80 % des cas ! J'ai conservé tous ses courriers, ses dessins, ses explications, car à l'époque nous n'étions pas équipés d'ordinateur.
Encore maintenant, je m'interroge sur la concordance de nos résultats, doublés dans certains cas d'une précision parfois diabolique. Nous n'avons jamais pu comprendre qu'elle était cette force mystérieuse qui synchronisait nos pendules à distance, en les guidant vers le même objectif recherché. Nous avons même imaginé un effet de télépathie, susceptible de nous influencer.
Nous avons recherché en commun des personnes disparues, des animaux égarés, des voiliers en perdition, des bateaux volés, des avions de tourisme disparus en Guyane et en Guadeloupe... Grâce à l'expérience de René Soulard, j'ai pu acquérir cette fameuse assurance que l'on recherche tous en radiesthésie.

Ainsi depuis 1985, cette amitié ne s'est jamais démentie et perdure.
Et c'est seulement en 1991, année de ma retraite sur la Côte d'Azur, que je devais enfin faire sa connaissance. J'ai appris qu'il était un sourcier très renommé dans sa région. Jamais il ne m'avait parlé de cette autre passion : c'est dire sa modestie.
On affirme souvent que l'histoire se répète : c'est vrai car je rencontre à nouveau ce même phénomène avec un ami, président en retraite d'une très importante société du Sud-Est méditerranéen, Raymond Balitrand, qui habite à deux pas de chez moi !
Cet ami est doté d'un extraordinaire don de sourcier et nous partons bien souvent ensemble prospecter de belles propriétés de la Côte d'Azur. Lorsque nous marchons côte à côte en recherche d'eau, nos instruments, au passage d'une veine souterraine, s'abaissent au même moment, comme si nous étions reliés par un fil invisible ! Depuis, je l'ai initié à la recherche des personnes disparues, une discipline qu'il désirait pratiquer depuis quelque temps, mais qu'il ne savait pas appréhender techniquement.
Comme nous sommes curieux de notre « don », nous avons aussi effectué des tests simultanés de reconnaissance d'objets à distance, chacun dans une pièce séparée. Ces tests se sont déroulés sous le contrôle d'un médecin et d'un ingénieur en radars. Ces exercices consistent, pour moi, à deviner parmi 6 cartes à jouer, laquelle mon ami Raymond Balitrand, placé dans une autre pièce, a choisie. Je dois dire que les résultats ont été étonnants. Lorsque deux chercheurs unissent leur don, par quel mystère le synchronisme de leurs sens et de leur sensibilité se manifeste-t-il par des résultats souvent identiques ?
De son côté, je sais que mon ami René Soulard, malgré ses quatre-vingts printemps bien sonnés en 2008, continue à ▶

sillonner les routes de sa chère Charente-Maritime à la recherche de l'or blanc, avec toujours le même enthousiasme et la même simplicité.
Lors de nos retrouvailles chez moi à Mougins, il m'a demandé si je m'étais déjà essayé à la recherche de sources. Et d'enchaîner en me disant : « Je suis sûr que vous avez le potentiel pour cela, j'aimerais vous tester ». En à peine vingt minutes, il m'a tout expliqué dans les grandes lignes, surtout la façon de tenir baguettes et autres instruments, ainsi que l'utilisation de conventions mentales appropriées.
Au cours de mon premier essai, je vois la baguette se tordre et descendre violemment vers le bas, sans que je puisse la retenir. René me confirme qu'à l'endroit où je me trouve, une source passe effectivement, ce que le forage a confirmé quelques mois plus tard. Je reste statufié et stupéfait devant la réaction de cet objet préalablement inerte dans mes mains. Je viens de subir l'un des plus grands chocs de ma vie. Ce fut, à la fois, une révélation et une passion qui dure depuis plus de quinze ans.
René, soyez-en remercié au travers de ces modestes lignes. Vous m'avez fait connaître un art qui me permet, chaque jour, de vivre deux passions : celle de l'eau et celle de l'aventure humaine, grâce aux milliers de rencontres que je fais sur la Côte d'Azur… Sans vous, je n'aurais jamais croisé princes, reines, rois du pétrole, industriels, pilotes de F1, artistes du show-business, particuliers, responsables de domaines agricoles ou de collectivités publiques… Ma vie de retraité s'en est trouvée quelque peu bousculée, m'obligeant à un emploi du temps très organisé.
Je dois à la vérité reconnaître que 90 % de mon temps est désormais consacré à la recherche de l'eau, alors que le reste l'est à la radiesthésie proprement dite. La mutation s'est faite en douceur, mais quel bonheur pour moi. C'est donc grâce à René Soulard que je suis devenu sour- ▶

cier car il a senti que ce don sommeillait en moi. Il m'a permis d'entrer de plain-pied dans ce monde un peu mystérieux des sourciers en Provence-Côte d'Azur où l'eau est très rare, recherchée, et si convoitée... Et lorsque nous nous sommes revus à l'occasion de recherches d'eau importantes dans le Var, où je l'avais fait venir, je lui ai simplement posé cette question : « Comment saviez-vous que j'étais apte à trouver l'eau ? ». De son grand sourire, tout en haussant les épaules, il m'a répondu : « Je le savais, c'est tout ! »

CHAPITRE 2

La radiesthésie : un art plus qu'un don ou une quelconque science

La radiesthésie n'a pas toujours eu bonne réputation

À y regarder de plus près, la radiesthésie présente parfois un visage ambivalent, de la façon dont elle est pratiquée ou présentée.

D'emblée, elle apparaît comme universelle dans sa pratique, elle donne l'impression d'être empirique, imprécise, trop diversifiée et parfois fantaisiste dans les méthodes utilisées… Aux yeux du profane, il y a prolifération de méthodes et d'appareils divers : les pendules se présentent par bataillons entiers, chacun d'eux faisant valoir ses qualités, sa matière, sa sensibilité, ses vibrations, ses particularités spécifiques.

Cet art a rencontré des résultats parfois discutables, car trop souvent ceux qui le pratiquaient, quantifiaient et analysaient rarement leurs résultats par des méthodes rigoureuses. Le sourcier débutant a quelquefois la faculté d'oublier ses échecs… Mais aussi, et il faut bien le reconnaître, face à des méthodes parfois mercantiles, la radiesthésie a un peu perdu de son âme au fil des années. J'ai eu récemment entre les mains une publicité d'un fabricant de pendules, qui les faisait « vieillir »

dans une grotte taillée dans la roche, afin affirmait-il qu'ils se « chargent d'énergie » avant d'être vendus ! On peut en sourire, mais tout cela est bien triste pour la radiesthésie.
Ce sont toutes ces apparences qui jouent contre elle et contribuent à lui donner cette image un peu farfelue et inconstante qu'elle ne mérite pas.

La radiesthésie est souvent victime des médias
Lorsque vous ouvrez une revue ou que vous écoutez une émission radio ou télévisée, notre précieux pendule devient l'instrument magique par excellence. On vous annonce qu'il permet de guérir des maladies, de retrouver un mari volage ou un trésor enfoui, de gagner au tiercé, au loto ! On pourrait énumérer ainsi ses qualités sans fin et sans failles. Les médias ont leur part de responsabilité, surtout les médias télévisés, qui présentent la radiesthésie sous un caractère magique, infaillible et surtout mystérieux. À chaque émission consacrée à cet art, on est de suite frappé par le générique d'entrée, la musique, l'ambiance et le décor qui créent une atmosphère savamment orchestrée. Musiques planantes, effets de brumes ou nuages artificiels sont distillés sur le plateau.
Mais le fin du fin, pour faire monter l'audimat, est cette recette infaillible : on oppose insidieusement le malheureux et valeureux radiesthésiste, qui a eu l'imprudence de venir sur le plateau, au scientifique de service. En général, cela dégénère vite en foire d'empoigne, en invectives, en affirmations de part et d'autres, rallumant ainsi la sempiternelle querelle entre radiesthésistes et scientifiques, dont tout le monde est un peu lassé. C'est la raison pour laquelle j'ai toujours refusé de participer à ce genre d'émission, sauf en tant que sourcier. Car être sourcier c'est accepter d'être filmé sur le terrain pendant son travail, c'est prendre le risque d'être

confronté à un échec éventuel. C'est le seul moment de vérité pour moi.
Car s'exposer sur un média télévisé, est pour le sourcier une démarche gratifiante, c'est donner la preuve évidente de son art en voyant l'eau jaillir du sol, à l'endroit désigné par lui auparavant. Ce genre de reportage télévisé véhicule positivement l'image du sourcier, le téléspectateur assiste au résultat du travail de ce dernier. En revanche, comparé au travail du sourcier, le travail au pendule est infiniment moins spectaculaire : il est solitaire, individuel et pratiqué dans un recueillement total, absolument nécessaire.
La radiesthésie ne peut donc, en aucun cas, être considérée comme une « science » à part entière, ne serait-ce que par ses principes qui n'ont aucun caractère d'universalité. Sa pratique est, et reste, individuelle, et varie avec celui qui la pratique. Et se produire dans une émission télévisée, pendule en main, c'est prendre le risque énorme d'être déstabilisé et de rater lamentablement l'exercice qui vous est demandé. Au trac s'ajoute l'arrivée de pensées qui parasitent votre intervention.
Bien souvent, les radiesthésistes manquent de tolérance et ne cherchent pas à s'ouvrir à d'autres méthodes, alors que dans toutes choses nouvelles il y a du bon. Chacun a sa méthode et ne jure que par elle, quand il n'assure pas qu'elle est la meilleure. Il est dommage que les radiesthésistes ne s'ouvrent pas les uns aux autres pour partager leur savoir.
J'ai eu l'occasion de rencontrer d'autres radiesthésistes, chacun ayant son style et son approche, et je n'ai jamais hésité à essayer ou à reprendre ce qu'il y avait de très bon chez eux. Combien de fois ai-je changé d'instruments, de démarche, pour toujours tendre vers la précision. Si la méthode utilisée ne vous apporte pas les satisfactions attendues, n'hésitez pas à en changer, choisissez celle qui donne le plus de satisfactions. Et si un

radiesthésiste, pratiquant les méthodes que j'utilise, m'apportait des éléments supplémentaires susceptibles de l'améliorer encore, j'en serai le premier ravi. C'est la seule façon de faire progresser cet art merveilleux.

Le don ne fait pas appel à la technique, il la contourne

Qu'est-ce qui caractérise le mieux la pratique de la radiesthésie ? Vaste question : plusieurs pistes sont explorées, mais aucune n'apporte son lot de vérité à 100 %.

Combien de fois entend-on cette phrase : « Pour se servir du pendule, il faut le don ». Mais alors, qu'est-ce exactement que ce fameux don ?

Au sens littéral, c'est la capacité d'une personne à pratiquer une discipline sans jamais l'avoir apprise. Certaines personnes sont capables de dessiner parfaitement ou de chanter merveilleusement bien, sans avoir appris les bases pour y parvenir. L'un dessine à l'instinct, tandis que l'autre chante « d'oreille », comme l'on dit. Certes ces deux sujets sont capables de ravir de nombreuses personnes par leurs talents naturels, mais se trouveront rapidement limités dans leur progression, en l'absence d'une technique apprise et contrôlée.

Voilà pourquoi, en radiesthésie, certains pratiquent d'instinct sans connaître les bases élémentaires de cet art, et se contentent de réponses formulées sous la forme du OUI ou du NON donné par leur pendule. Eux aussi seront très vite limités par la méconnaissance de leur art car, en vérité, la radiesthésie est tout autre chose.

Prenons un musicien qui « joue d'oreille » : il interprétera, certes, le morceau qu'il connaît par cœur, mais il passera à côté de subtilités musicales, se privant de riches effets d'interprétation, rendant ainsi son morceau musical froid et sans relief. Et qu'adviendra-t-il à ce même musicien si on lui demande d'interpréter un morceau qu'il n'a jamais entendu auparavant ? Le don a forcément ses limites mais lorsque ce don est renforcé par la technique, il permet de pratiquer un art véritable.

Le marquage génétique a son importance

Dans le domaine de la recherche de l'eau, on n'est pas sourcier par hasard : ainsi, dans une même famille, il n'est pas rare de voir de nombreux sourciers émerger au fil des années. Cela a été mon cas : mon grand-père a été sourcier, puis ses fils (mon oncle et mon père). Quant à moi, je pratique à présent cet art depuis plus de vingt années, avec bonheur et passion.

En revanche, il existe une grosse différence entre le sourcier et le radiesthésiste : les deux n'évoluent pas dans le même contexte du don pur. Pour le sourcier, il s'agit plutôt d'une particularité physiologique et physique, transmise aux membres d'une même famille : celle d'être sensible aux anomalies du champ magnétique terrestre. Et dans ce cas, on peut parler d'antécédents génétiques qui apportent un avantage considérable au candidat sourcier. Et ce même sourcier utilise son pendule par la force des choses, ne serait-ce que pour estimer les profondeurs et les débits des sources qu'il trouve, et pour quantifier profondeurs et débits, à l'aide de tableaux de comptage.

L'inverse devient plus difficile : un radiesthésiste ne devient pas aussi facilement sourcier s'il ne possède pas ces fameuses particularités physiques de détection des champs électromagnétiques des sols.

En ce qui concerne l'élève radiesthésiste, son don pour l'usage du pendule peut exister à faible dose et être amplifié par un marquage génétique dans d'autres disciplines. Pour être clair, le candidat radiesthésiste peut avoir hérité de son père des facultés touchant les sciences naturelles, le dessin, les arts ou le chant. Ne dit-on pas de quelqu'un « Qu'il est comme son père, il a la bosse des maths, des affaires... » ? D'évidence, si le père de notre élève a l'esprit d'observation, le goût de la recherche et de la méthode, son fils a de fortes chances de devenir un brillant radiesthésiste.

La radiesthésie peut, avec la pratique, devenir un art à part entière

Tous les radiesthésistes sont d'accord sur ce point : il faut travailler beaucoup, pratiquer de façon assidue et régulière avant de s'attaquer aux diverses disciplines de cet art. La ténacité, alliée à la méthode, mène très vite à la maîtrise. Facile à dire, pas toujours facile à faire ou à obtenir : question de disponibilité, d'ouverture d'esprit et surtout de méthodes.

La radiesthésie est comparable à la médecine, elle a ses généralistes et ses spécialistes.

Certains radiesthésistes vont être passionnés par la branche « santé », d'autres par la géobiologie, par la recherche de l'eau, de personnes disparues ou de sites historiques, par l'étude des caractères ou des comportements... Cet art offre beaucoup de souplesse dans sa pratique : il peut s'effectuer aussi bien en plein air qu'à l'intérieur d'une maison.

Prenons le cas des recherches de disparus, discipline ardue et complexe : pour les mener à bien, il est souhaitable de s'informer, et de comprendre les mécanismes psychologiques qui mènent à la disparition d'une personne. Ayant pratiqué cette discipline pendant de nombreuses années, j'ai dû m'informer sur tous les mécanismes qui poussent une personne à disparaître. Prendre un pendule et le placer au-dessus d'une photo ou d'une carte ne suffit pas. C'est la vision simpliste d'une recherche de disparu... La responsabilité et la pression exercée par la famille du disparu auprès de vous, sont des éléments très perturbants qui peuvent influer sur les résultats de votre recherche.

Méthode de travail au pendule lors de la disparition d'une personne

Pour illustrer mes propos, prenons l'exemple d'une disparition, traitée avec une méthode que j'améliore encore chaque année.

Monsieur X a disparu depuis 10 jours et malgré les recherches entreprises, il n'a toujours pas été localisé. La famille ou la gendarmerie locale vous contacte : que faire ?
En premier : procéder à la récolte des éléments préparant la recherche est une nécessité absolue.
En second : demander une photo récente du disparu, sur laquelle il figure seul, et un échantillon de son écriture.
À quelle heure s'est-on aperçu de sa disparition ? Où a-t-il été vu pour la dernière fois (précision géographique absolument nécessaire) ? Par un ou deux témoins dignes de foi ?
Prenait-il des médicaments particuliers et les a-t-il emportés avec lui ? A-t-il avec lui ses moyens de paiement ? Carte bancaire ? Carnet de chèques ? Est-il parti en voiture ? À pied ?
Voici les toutes premières questions que le radiesthésiste doit poser à la famille ou aux gendarmes avant de commencer la recherche.
Pourquoi toutes ces questions avant de commencer ? Parce qu'une disparition obéit toujours aux mêmes mécanismes et génère les mêmes effets.
Élément capital : déterminer immédiatement si la disparition est VOLONTAIRE ou INVOLONTAIRE. Selon la réponse obtenue par le pendule, votre recherche va prendre une toute autre direction.

Cas d'une disparition volontaire
Il existe deux options :
• soit le disparu a mis fin à ses jours,
• soit il a cherché à fuir sa famille pour se reconstruire une autre vie ailleurs et, dans ce cas, il est encore vivant.
S'il a emmené médicaments et carnet de chèques avec lui, cela démontre à l'évidence une volonté de vivre et signifie une disparition volontaire, peut-être pour se

soustraire à une autorité familiale ou administrative ? Cela vous apporte la confirmation de la réponse que vous aviez trouvée au pendule : disparition volontaire et disparu vivant.
Arrivé à ce stade de la recherche, on est en droit de ce poser cette question : existe-t-il une éthique du radiesthésiste ? Par exemple : faudrait-il ne pas rechercher quelqu'un qui a voulu disparaître volontairement et respecter ainsi sa volonté de disparaître ? Ma réponse est simple et repose sur le bon sens : je ne propose jamais mes services à la famille d'un disparu si celle-ci ne vient pas d'elle-même vers moi. Si elle le fait, elle a probablement des raisons bien précises que nous discutons ensemble. Et si celles-ci m'apparaissent douteuses ou imprécises, je n'y donne pas suite. Et enfin, si une gendarmerie vient vers moi, c'est toujours dans le cadre d'une recherche déclenchée selon la procédure officielle dite dans l'intérêt des familles. Au fil des années de pratique, je n'ai jamais rencontré de difficultés particulières.

En revanche, si notre disparu est parti sur un coup de tête, dans un climat dépressif, n'a emporté ni médicaments ni argent, cela démontre un détachement total de la vie, qui doit orienter tout autrement la recherche par le radiesthésiste.
Celle-ci doit d'abord être faite dans l'urgence et il faut se rapprocher très rapidement des services de gendarmerie pour définir, proposer et rechercher immédiatement des secteurs de priorité définis à l'aide de témoignages avérés.

Cas d'une disparition involontaire
Si le pendule confirme cette réponse, trois cas de figures se posent immédiatement :
- soit le disparu a été victime d'un accident (de la route, par exemple),

• soit il a été victime d'un meurtre,
• soit il a été enlevé.

L'élément commun à ces trois suppositions est que sa disparition ne relève pas d'une volonté déterminée de sa part.

Un autre élément capital est celui du dernier endroit où le disparu a été vu vivant, par un ou plusieurs témoins. C'est à partir de ce lieu que le radiesthésiste va suivre une piste avec son pendule en utilisant des conventions mentales appropriées et des cartes du secteur concerné. Cette information devient le fait majeur de la recherche : c'est autour de lui que va démarrer toute la recherche. Il devient le seul élément moteur concret de la disparition.

J'utilise de nombreux tableaux questionnaires (environ cent cinquante) facilitant les jeux de questions et permettant de bâtir un scénario de recherche. Au fil des heures, les réponses vont se préciser et commencer à décrire une hypothèse possible de disparition, que les autorités judiciaires vérifieront sur le terrain, avec des moyens matériels que le radiesthésiste ne possède évidemment pas.

Rappelez-vous que, pour tout radiesthésiste, la réussite de sa recherche passe par l'art de poser les bonnes questions, précises, pertinentes, détaillées, segmentées et de les poser dans un ordre donné. Beaucoup de recherches échouent à cause de questions mal formulées comme : « Où se trouve Monsieur X qui a disparu ? » Cette forme de question n'a aucun sens, et n'apportera aucune réponse. En effet, le subconscient de l'opérateur ne peut répondre car la question manque de précision. Elle est beaucoup trop vague. Comment le cerveau de l'opérateur peut-il, en quelques centièmes de secondes, trouver la réponse car le mot « Où » en lui-même ne signifie rien. Nous l'avons dit et ne le répéterons jamais assez, subconscient et inconscient ont horreur de l'imprécision.

En revanche, poser la question suivante est beaucoup plus intéressant : « Monsieur X a-t-il fait un choix volontaire ou involontaire de disparaître ? »
Deuxième question à poser, selon le type de réponse obtenue à partir de la première : « Monsieur X est-il, à l'heure actuelle, vivant ou décédé ? » car vous devez travailler en temps réel.
Comme on le voit, il est indispensable de poser les bonnes questions pour obtenir les bonnes réponses. Chaque recherche impose sa discipline, ses règles, et chaque disparition engendre les mêmes causes provoquant, bien souvent, les mêmes effets.

La radiesthésie permet d'acquérir et d'élargir votre champ de connaissances
Comme nous l'avons vu dans le chapitre précédent, la radiesthésie permet d'acquérir, selon le type de recherche entrepris, des connaissances spécifiques liées à celle-ci.
Personnellement, au cours de mes nombreuses années de recherches hydrologiques, j'ai dû apprendre et comprendre la géologie des sous-sols que je prospectais. D'évidence, il m'apparut très vite que s'il y avait des collines avec eau et d'autres sans eau, il existait une bonne raison... Cela demandait un éclaircissement qui me fut donné par une meilleure compréhension géologique des sols. La pratique de recherches tous terrains, alliée à des connaissances géologiques étendues, rend d'immenses services, car le fameux ressenti sourcier est, dans certains cas, altéré par des effets de sols. Or, pour le client du sourcier, peu importent les moyens utilisés, seul compte le résultat.
Le cheminement d'une recherche est toujours le même : il suffit de l'appliquer dans les autres disciplines abordées. Ainsi en pratiquant des recherches variées, on acquiert un champ de connaissances personnelles, à la fois enrichissantes et élargies.

Une constatation capitale en radiesthésie : on ne peut pas chercher quelque chose que l'on ne connaît pas

Nous n'insisterons jamais assez sur le fait que bien connaître la ou les choses à rechercher est primordial.
Trop de recherches sont réalisées sans avoir une connaissance approfondie de la chose à trouver : une connaissance superficielle ne suffit pas.
Pour comprendre ce raisonnement, des milliers d'expériences sont nécessaires, avant de savoir pourquoi on réussit mieux certaines recherches que d'autres. Il faut comprendre la raison de son échec, c'est un impératif absolu. Ce sont les échecs qui nous font progresser.
Pour prendre conscience de la précision d'une recherche, rappelez-vous le cheminement en cinq phases, vu précédemment.
Insistons sur le maître mot d'une recherche : il faut s'imprégner de l'objet de la recherche pour la réussir. Et s'imprégner, c'est savoir observer, regarder, détailler l'objet perdu à retrouver. Ensuite, il faut préparer le jeu de questions à poser, ce qui permet d'ordonnancer la recherche.

Une fois pour toutes, adoptez le procédé de recherche de l'orientation mentale

Pour entreprendre une recherche, il vous faut absolument suivre un fil conducteur, un axe de travail, ce que nous appellerons une *orientation mentale*. Celle-ci devient l'objectif précis de la recherche : elle permet de ne pas sauter les étapes, d'avancer avec rigueur et bon sens. Cette orientation mentale va organiser, orienter, faciliter la recherche.
Comme d'habitude, prenons un exemple simple.

Exemple de la recherche d'une petite sacoche, égarée dans un lieu inconnu

Établissement de l'orientation mentale : qu'est-ce que je dois chercher ?
D'abord, il convient de converser avec le propriétaire, le soumettre à un jeu de questions très précises, de façon à bien lui faire préciser tous les éléments relatifs à l'objet perdu.
Cette démarche va vous sensibiliser à une situation très précise, elle va vous rendre en fait *sensible* à la chose recherchée. D'ailleurs, le radiesthésiste utilise souvent cette locution simple avant sa recherche, dite sous la forme d'une incantation intérieure : « Je désire être sensible à telle chose ».

Question à poser : dans combien d'endroits différents la personne est-elle allée ?
Les recenser par leur nom et par leur lieu. Procéder ensuite à une analyse très détaillée de la sacoche : matière, format, couleur, avec ou sans poignées, détails particuliers (fermeture en métal argenté, doré, chromé) avec ou sans fermeture éclair. Comporte-t-elle plusieurs compartiments ?

Réponses du propriétaire de la sacoche : chaque réponse doit être placée dans un cercle dessiné au stylo. C'est ce que j'appelle la méthode des bulles.

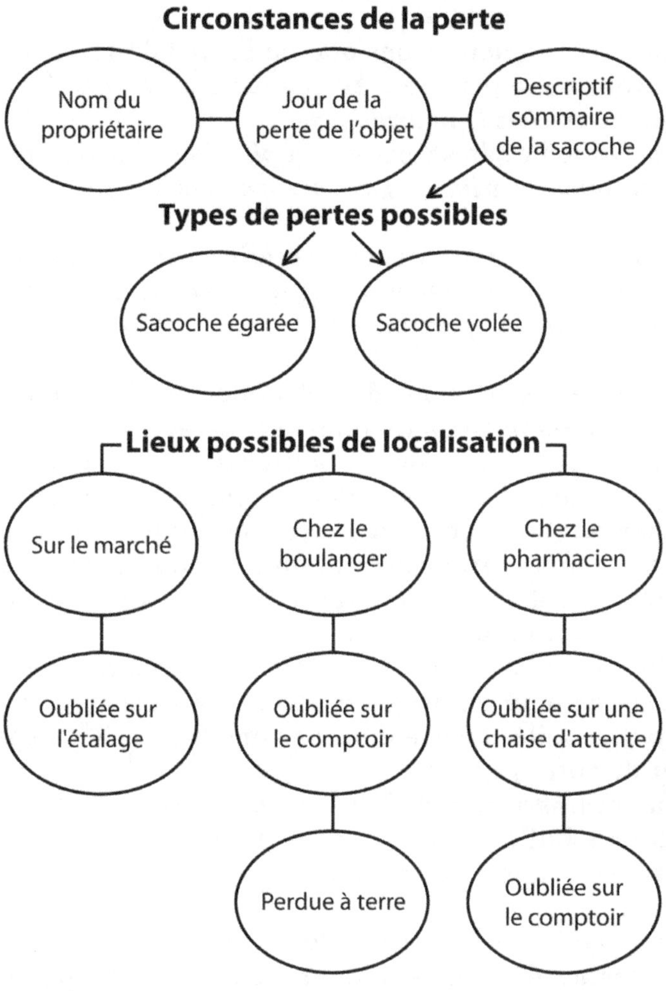

Exemple d'organigramme de recherche d'une sacoche perdue

Le but est, en fait, de dresser un organigramme mnémotechnique, symbolisé par des petites bulles contenant les réponses. Pour primaire qu'il paraisse, ce procédé est très souvent utilisé par les radiesthésistes, car il facilite la concentration. Personnellement, je l'utilise depuis plus de vingt années avec succès.

Supposons que nous ayons obtenu les résultats suivants :
• Endroits où la personne est passée : *sur le marché, chez le boulanger, chez le pharmacien.*
• Description de la sacoche : *en plastique marron souple, environ vingt centimètres sur dix, poignée latérale en plastique,*
• Détail particulier : *fermeture éclair dotée d'un porte-clés en métal argenté représentant un petit chien. Cette sacoche comporte trois compartiments.*

À partir de ces éléments dont chaque détail a son importance, se dessine immédiatement le caractère particulier de cet objet, par rapport à d'autres de la même famille. Votre subconscient doit aller de suite à l'essentiel et synthétiser l'objectif qui se résume ainsi : « Je dois retrouver une petite sacoche en plastique marron avec fermeture éclair, agrémentée d'un porte-clés en métal représentant un petit chien. »
Au besoin, essayez de la dessiner approximativement avec ses caractéristiques, inscrivez ensuite dans chacune des bulles reliées entre elles par une flèche, le cheminement de votre pensée.
Première bulle, nom de la personne : *Yvette*
Deuxième bulle : *jour de la perte de l'objet*
Troisième bulle : *description synthétisée de la sacoche perdue*
Quatrième bulle : *sacoche volée ou égarée*
Dans les autres bulles, indiquez l'endroit fréquenté ce jour-là par la personne : *le marché, le boulanger et le pharmacien.*
Et enfin, dans chacune des dernières bulles, précisez un détail du lieu : *sacoche perdue sur un comptoir, sous une chaise, sur une chaise, sur un étalage, à terre.*
Vous voici alors en possession de tous les éléments qui devraient vous permettre de retrouver la fameuse sacoche.

Votre pendule disposé au-dessus de chaque bulle, posez ensuite des questions qui obtiendront deux types de réponse : OUI ou NON.
Si vous suivez à la lettre chacune des étapes, gageons que le propriétaire retrouvera assez rapidement l'objet perdu.
Nous verrons plus tard, au fil des pages, comment pratiquer couramment cet exercice.

Ce qu'il faut retenir

La radiesthésie deviendra vite, avec l'habitude et la pratique, un art à part entière.

Grâce à elle, vous allez enrichir vos connaissances et votre culture générale.

Définissez bien ce que vous cherchez.

Pratiquez l'orientation mentale.

Si vous segmentez vos questions, vous multiplierez vos chances de réussite.

Rappelez-vous l'exemple de la sacoche perdue.

Témoignage

Comment j'ai mis au point ma méthode de recherche de personnes disparues

En règle générale, lorsqu'il y a une disparition, le radiesthésiste est contacté soit par la gendarmerie soit directement par la famille concernée.
Ayant été confronté de nombreuses fois à ce type de recherches, j'ai toujours rencontré la même difficulté lorsque j'avais un contact direct avec la famille : être condamné à subir sa pression, bien légitime.
Rien n'est plus éprouvant, pour le radiesthésiste, que d'avoir à répondre au téléphone, plusieurs fois par jour, à un membre de la famille qui veut savoir où en est la recherche. Et lorsque je détecte malheureusement que la personne disparue est morte, on imagine fort bien dans quelle situation je me trouve... Faut-il, dans ce cas, annoncer immédiatement le funeste résultat, gagner du temps, utiliser des moyens détournés ? Car il n'est, bien entendu, pas facile de prendre le risque d'annoncer à une famille que la personne disparue est décédée, tant que les recherches ne sont pas terminées.
Lorsque vous avez, devant vous, la photo d'une gentille petite fille disparue et que vous en détaillez tous les éléments, son regard, son sourire, il est difficile de rester neutre dans sa recherche. Bien sûr que vous souhaitez, au fond de votre cœur, qu'elle soit vivante. Mais derrière ce flot de nobles sentiments, comment admettre qu'elle soit morte ? Alors se profile l'instant critique : celui du redoutable effet d'autosuggestion toujours possible, qui vous indiquera le contraire... C'est là, dans cette phase intense, au moment de lancer le pendule sur la photo ou sur la carte, que tout va se jouer et que les secondes vont vite devenir des éternités...

Depuis, j'ai appris à utiliser des formules à double sens vis-à-vis des familles, qui laissent supposer que les premiers résultats obtenus ne sont pas encourageants, ou que le pire est à craindre.
Ainsi, en 2003, le papa d'une petite fille disparue prend contact directement avec moi, par le biais d'un grand quotidien qui avait eu la malheureuse idée de parler de mes recherches, contre mon gré. Mis au pied du mur, je ne pouvais pas refuser. J'ai réalisé la recherche dans des conditions difficiles.
J'ai décidé, depuis, de prendre d'infinies précautions avant de donner suite à ce type de démarche provenant directement d'une famille. Et le jour où une gendarmerie des Alpes-Maritimes m'a appelé pour une « Recherche dans l'intérêt des familles », parue dans la presse locale, j'ai immédiatement dit que je refusais tout contact direct avec la famille.
Quand je n'ai plus de contact avec la famille, la démarche devient très différente, car mon esprit de radiesthésiste est beaucoup plus libre, éloigné des tourments et des pressions. Ce qui m'a amené à rédiger une sorte de charte, sous la forme d'un accord tacite entre les gendarmes et moi.
Nous avons décidé de collaborer aux conditions bien précises suivantes :
a) Ma recherche est totalement gratuite et désintéressée : il n'est pas question de rémunération. Il me paraîtrait odieux de tarifer la douleur d'une famille qui recherche un être cher. Je sais, hélas, que des individus peu scrupuleux profitent du désarroi de la famille pour faire miroiter des résultats rapides, moyennant des sommes parfois importantes.
b) La gendarmerie met à ma disposition tous les éléments nécessaires à ma recherche : plan, cartes au 1/25 000e, photo récente du disparu et circonstances de sa disparition.

c) Je précise que je ne peux, en aucun cas, garantir un résultat à 100 %, car il s'agit d'une démarche délicate, fastidieuse. Statistiquement, mes résultats positifs sont de l'ordre de 20 à 25 %. Quand on obtient ce résultat et que la recherche est réussie, c'est une immense satisfaction pour la famille et, bien entendu, pour moi.
d) Je demande aux gendarmes de me tenir au courant, toutes les deux heures environ, de l'évolution de la recherche, mais je ne me rends jamais sur place.
e) Puis je transmets à la gendarmerie un rapport confidentiel de recherche très détaillé, donnant toutes les précisions pouvant permettre de déboucher sur une piste solide.
Travailler, en collaboration étroite et en confiance, avec une gendarmerie est un élément inestimable et efficace. Par nature, le gendarme est un homme connu, apprécié dans son secteur et je sais que tous les points que j'indique feront l'objet d'une enquête poussée de proximité. C'est grâce à cette collaboration en binôme, où chacun est complémentaire de l'autre, que la recherche progresse rapidement. Les gendarmes disposent de renseignements de base que je n'aurais jamais pu avoir sans eux et, réciproquement, les indices que je détecte au cours de ma recherche leur permettront de progresser dans d'autres directions. Je sais que chaque détail, chaque information, chaque piste que je donne vont être immédiatement passés au peigne fin et vérifiés...
f) Je demande instamment à la gendarmerie de ne jamais faire état de mon intervention à la famille et surtout à la presse. Je ne recherche ni gloire, ni argent. Et lorsque la personne disparue est localisée et retrouvée, les communiqués de presse ne mentionneront pas mon intervention.

CHAPITRE 3

L'orientation mentale ou la concentration de votre esprit vers la chose recherchée

Pratiquer l'orientation mentale, c'est tout simplement vouloir se mettre plus facilement en condition psychologique avant d'aborder une recherche.
Exemple simple : celui vécu par le sauteur en hauteur qui, avant de faire un bond pour franchir la barre, la regarde, la jauge, la détaille et se concentre. Et à l'ultime moment choisi par lui, il s'élance à grandes enjambées pour la franchir. Pour le radiesthésiste, ce moment s'inscrit, lui aussi, dans le même schéma mais de façon différente.
Avant de commencer votre recherche, vous devez ORIENTER clairement votre pensée vers l'objet, la personne ou la chose à rechercher.
Retenez bien ce moment, car il est décisif au départ de votre recherche. L'esprit la détaille et décide. Il s'agit de s'insuffler une puissante *autosuggestion*, qui va mettre en mouvement toute l'activité mentale permettant à l'esprit d'entrer dans une acuité et une perception très sélectives.
Depuis des années, j'ai adopté la même formule de départ : il s'agit tout simplement d'une petite phrase intérieure, qui me convient parfaitement bien et facilite

ma concentration : « Je désire être sensible à la présence de tel objet ou de telle personne » et non cette formule trop directe et abrupte : « Je veux retrouver cet objet ».

L'expression de votre désir, vous l'avez bien compris, écarte toute idée de volonté ou de commandement. Elle emprunte, en fait, le chemin de l'humilité et de la simplicité : c'est pourquoi le ton impératif y est absent.
À ce jour, je n'ai pas trouvé mieux, car la sensibilité de l'opérateur s'obtient plus facilement par le seul fait d'énoncer lui-même cette formule à haute voix, et par la suite, en voix intérieure.
Futurs radiesthésistes, utilisez systématiquement avant chaque recherche, cette forme d'interrogation intérieure, qui élargira considérablement votre champ d'investigation et disciplinera votre esprit.

Voici quelques exemples simples d'orientation mentale.
Celle utilisée par les sourciers : « Je désire être sensible à la présence de veines d'eau dans le sol de ce terrain ».
Celle utilisée par un radiesthésiste cherchant une montre perdue : « Je désire être sensible à la montre (citer la marque) perdue le 10 novembre dans ce jardin ».
Correctement utilisés avant chaque recherche, ces quelques exemples d'orientation mentale démontrent la souplesse et l'adaptabilité du système.

Ce qu'il faut retenir

L'orientation mentale est absolument nécessaire avant toute recherche. Elle définit l'objet de la recherche, l'organise et l'oriente.

La bonne orientation mentale est de dire : « Je désire être sensible à la présence de cette montre ».

La mauvaise orientation mentale, cause d'innombrables échecs, est : « Je veux retrouver la montre perdue ».

L'expression de votre très fort désir, clairement formulé, favorise la réponse venant de votre inconscient.

Témoignage

La recherche d'un chien égaré dans la région de Grasse

Au mois de juillet 2007, je suis appelé par des amis, habitant en pleine campagne derrière Grasse et propriétaires d'un adorable petit chien, de race Jack Russell Terrier. Très inquiets, ils m'expliquent que leur petite chienne Fifille a brutalement disparu de leur villa. S'est-elle éloignée et perdue, a-t-elle été volée (ce type de chien étant très recherché) ou a-t-elle été écrasée par une voiture au cours de sa fugue ?
Je leur demande de venir me voir immédiatement avec la photo de Fifille et de me préciser l'heure et le jour de sa disparition. Dans une recherche d'animal disparu, le fait d'intervenir très rapidement augmente les chances de le retrouver, car plus le temps passe, plus il se déplace... et sa position est alors difficile à localiser après plusieurs jours d'errements.
Mes amis arrivent une heure plus tard avec la photo de leur chienne. Je commence le jeu de mes questions : le petit chien est-il encore vivant ? A-t-il eu un accident sur la route ? A-t-il été enlevé ? Où se trouve-t-il en ce moment ? Est-il encore dans le département ? Dans le secteur ?
J'inscris ensuite clairement chaque question écrite dans une bulle (le texte est entouré d'un cercle, comme dans l'exemple de la page 49) et je mets mon pendule en balancements d'attente au-dessus de la photo.
Réponse à la première question « La petite chienne est-elle vivante ? » : le pendule se met à tourner en rotations circulaires dans le sens des aiguilles d'une montre. Donc : OUI, le petit chien est vivant et la réponse est franche, rapide.

A-t-il été renversé par une voiture ? Le pendule tourne dans le sens contraire des aiguilles d'une montre : NON, réponse là encore acquise sans détour.
A-t-il été enlevé ? : NON.
Où se trouve-t-il en ce moment même ? Dans le département ou dans le secteur proche ? Réponse franche : OUI, dans le secteur proche.
Voilà un certain nombre de réponses utiles pour entamer à présent ma recherche sur carte. Je sélectionne, bien entendu, la portion de carte du secteur élargi supposé (en réalité un cercle géographique d'environ 30 km) en la scannant à l'ordinateur.
J'ai opté pour la recherche par pistage au pendule, plutôt que par éliminations de secteurs, la réponse étant plus rapide et directe.
Je place mon pendule sur la villa où vivait la petite chienne et je le lance en édictant mentalement ma convention mentale : « Mon pendule balancera en se déplaçant et tournera sur le secteur où pourrait se trouver le petit chien Fifille ».
Après quelques kilomètres de déplacement sur la carte, je « sens » que je tiens une piste sérieuse, étant donné la vigueur avec laquelle mon pendule part dans une direction précise. Puis, arrivé à un carrefour, il hésite et prend une route secondaire à droite, se dirigeant résolument vers le petit village de Plascassier, sur lequel il se met à tourner de façon régulière.
Par sécurité, je pose la question de contrôle : « La petite chienne serait-elle effectivement dans cette localité ? ». Réponse : OUI sans ambages...
Je fais part de ces conclusions à mes amis et nous décidons alors de mettre en place une stratégie de recherche dans la commune. On convient de coller de petites affichettes, comportant la photo de la chienne et un numéro de téléphone, sur le tableau municipal de la mairie et sur certains arbres ou axes du village.

▶

Le lendemain, vers dix heures du matin, le téléphone sonne chez mes amis : c'est le vétérinaire qui les informe qu'un monsieur résidant à Plascassier vient de lui remettre un petit chien du type Jack Russel femelle.
Le pendule ne s'était donc pas trompé : le chien se trouvait bien dans cette localité au moment de mon intervention ! La distance séparant la villa de mes amis et celle du village de Plascassier est de neuf kilomètres exactement.
Que s'était-il passé ? Le brave monsieur avait été suivi pendant plusieurs kilomètres par un chien. Quand il s'est décidé à appeler l'animal, celui-ci s'est mis à accourir vers lui, content que l'on s'occupe de lui… Le promeneur, comprenant que la petite chienne est vraisemblablement perdue et ne retrouve plus son chemin dans ce secteur très vallonné, décide de la recueillir. Le lendemain matin, il téléphone au vétérinaire pour faire part de la présence du chien chez lui, d'autant que le petit animal porte un tatouage.
Voilà comment la pratique de la radiesthésie au pendule peut permettre d'accomplir de petits miracles !
Mes meilleurs résultats de recherches sont, en général, obtenus sous ces deux conditions : une intervention faite dans les quelques heures suivant la disparition et des réponses du pendule, rapides, franches et vigoureuses.

CHAPITRE 4

La convention mentale : clé de voûte de la radiesthésie au pendule

Définition de la convention mentale

Rappelons qu'il s'agit d'un accord que l'opérateur passe avec lui-même (en réalité avec son subconscient), pour démarrer le processus d'une recherche sur la base d'une ou plusieurs codifications précises (mouvements du pendule).

C'est à partir de cette convention que le mental impulse ses mouvements au pendule, car dans toute recherche, il faut obtenir une réponse, et celle-ci s'obtient par différents mouvements du pendule. Il peut tourner à droite (dans le sens des aiguilles d'une montre) ou tourner à gauche (dans le sens contraire des aiguilles d'une montre) ou encore balancer dans une direction. On verra dans les prochains chapitres comment faire pour déterminer ces mouvements, les enregistrer dans le subconscient et les utiliser, le moment venu.

Rôle de la convention mentale

Elle établit un lien direct entre la chose recherchée, l'opérateur et son pendule : elle favorise le déclenchement d'une intuition dite provoquée, afin d'obtenir les informations recherchées. Et comme la convention repose, bien souvent, sous la forme d'une seule petite phrase, on imagine combien il est important de parfaitement définir ce que l'on cherche, donc de synthétiser la définition de la recherche.

Mécanisme de la convention mentale

En réalité, le radiesthésiste s'impose à lui-même une forme d'autosuggestion extrêmement puissante, qu'il va enregistrer dans son inconscient profond. Il ordonne à son cerveau d'effectuer une opération particulière, selon un code précis déjà enregistré dans son inconscient. Cette action particulière favorise l'imagination, l'intuition, la sensibilité extrême et engendre un acte qui rappelle celui d'un phénomène probablement d'origine extrasensorielle.

En fait, la convention mentale matérialise une idée forte qui se transforme en acte et permet au radiesthésiste d'obtenir l'information recherchée au travers des différents mouvements du pendule.

Quand le radiesthésiste devient à la fois compositeur, interprète et homme-orchestre

J'aime utiliser des images et des comparaisons simples, car elles ont cette qualité première de permettre au plus grand nombre de comprendre et d'accéder à une théorie ou à un exercice, avant de le pratiquer.

Pendant sa recherche, le radiesthésiste joue effectivement trois rôles :

• celui du compositeur, puisqu'il rédige en quelque sorte la partition des différentes conventions mentales à utiliser ;

• celui de l'interprète : avec ce véritable instrument qu'est son pendule, il va interpréter et jouer une partition préparée d'avance. Les jeux de questions doivent s'enchaîner sans hésitation et dans un ordre précis. Il n'y a plus de place pour l'improvisation ;

• celui d'homme-orchestre : il coordonne sa concentration, lit mentalement sa partition et joue de son instrument. L'ensemble de ces trois éléments apporte ce qu'on appelle en musique : l'harmonie.

L'écriture de la partition « recherche » est constituée de tous les éléments nécessaires avant de commencer et qu'il va falloir rassembler : circonstances de la perte d'un objet, sa description, sa couleur, son aspect, ses caractéristiques. C'est l'étape dite de « l'orientation mentale ».

L'interprétation, coordonnée par un chef d'orchestre : pour exécuter les notes de la partition, le radiesthésiste ajoute encore une corde à son instrument, la dernière. Il est aussi chef d'orchestre, c'est en effet lui qui donne le départ du morceau. Avec des instruments à sa disposition : son cerveau (qui va décrypter la partition, lui donner les nuances, le ton, le rythme), ses conventions mentales et surtout son pendule, l'instrument du soliste par excellence. Cet enchaînement va contribuer à créer ce que nous appelons un réflexe conditionné, quasi instantané. Ce réflexe va actionner le pendule soit dans un sens soit dans un autre, donnant ainsi des réponses.

Convention mentale et autosuggestion : une alliance indispensable pour réussir une recherche

On peut presque affirmer que l'une ne fonctionne pas sans l'autre : elles sont, avant tout, complémentaires.

Définition de l'autosuggestion

C'est une idée forte, puissante, qui permet à un être humain de se persuader lui-même de quelque chose.

Cette impulsion mentale, générée par l'opérateur, lui permet de trouver une réponse, face à une situation que son raisonnement et son intelligence ne peuvent lui apporter par des moyens conventionnels habituels.

Exemple : quel est le moyen utilisé par un sourcier pour évaluer la profondeur à laquelle circule la veine d'eau détectée par lui ?

D'évidence, aucun instrument ni physique ni scientifique ne peut lui apporter la réponse. D'où l'intérêt d'utiliser l'adjuvant qu'est l'autosuggestion. Dans le cas présent, cet adjuvant sera un autre moyen, qualifié de « virtuel », comme le nombre de rotations du pendule pour définir l'estimation de la profondeur (par exemple, un tour est égal à 10 mètres).
Formulation à utiliser : « Je désire être sensible à la profondeur de la veine d'eau. Mon pendule s'arrêtera de tourner lorsque je prononcerai le chiffre de la profondeur ».
Comme il n'y a guère d'autres solutions, l'esprit de notre opérateur va d'autant plus facilement admettre cette hypothèse de travail. Ces pratiques, aussi variées que nombreuses, sont utilisées par de nombreux sourciers avec de bons résultats.
Avec cet exemple, on voit combien est importante l'utilisation de l'autosuggestion, judicieusement combinée avec des questions appropriées à l'objet de la recherche.

Convention mentale et autosuggestion favorisent le phénomène d'intuition provoquée

D'évidence, cette méthode génère presque immédiatement, chez les opérateurs, une autosuggestion très puissante, qui s'inscrit dans leur inconscient, va s'y installer, s'y graver pourrait-on presque dire, pour y demeurer de façon permanente. Elle devient un instrument d'étalonnage et de référence pour toutes les estimations à venir. D'autant plus si les résultats obtenus ont été à la hauteur des espérances... La pratique de l'autosuggestion devient, avec l'expérience, quasi automatique.
Cette méthode est applicable dans toutes les unités de mesures telles que heures, distances, poids, dates, lieux, et surtout pour la recherche de tous objets cachés à la vue de celui qui les recherche.
Ce mécanisme engendre ce qu'on appelle en radiesthésie « l'intuition provoquée sur demande », qui va mener à la bonne réponse recherchée.

Dès le départ de la recherche, le cerveau va rapidement assimiler toutes les données du problème, se mettre en phase avec le subconscient qui, lui-même, va demander à l'inconscient de trouver la bonne réponse. Ce mécanisme subtil va se mettre en place, à la condition impérative que l'opérateur respecte bien toutes les étapes. Ce moment est considéré comme capital dans l'acte radiesthésique : c'est le plus subtil et le plus important.
En général, le résultat est rapide, pour ne pas dire fulgurant. Insistons sur le fait que l'opérateur doit impérativement attendre la réponse de son pendule dans un état de neutralité absolue : arrêter le cours de ses pensées vagabondes, ne pas penser, ne pas raisonner, ne pas imaginer, ne pas chercher à déduire. Bloquer le cours de sa pensée devient un impératif absolu. Nous verrons plus loin comment y parvenir.

Ce qu'il faut retenir

La recherche est comme une voiture : la convention mentale en est le moteur, elle vous permet de vous déplacer mentalement d'un point à un autre.

En radiesthésie, apprenez à être compositeur, interprète et homme-orchestre.

Convention mentale et autosuggestion : les amis fidèles du radiesthésiste.

Une fois pour toutes, adoptez un procédé définitif de recherche.

Évitez l'éparpillement.

Apprenez à rester mentalement neutre.

Témoignage

Quand le radiesthésiste se fait piéger !

L'été 2004, je suis appelé par Monsieur M... habitant dans le nord de la France et propriétaire d'une résidence secondaire à Juan-les-Pins. En vacances dans sa villa, il souhaiterait que je vienne vérifier s'il n'y aurait pas de passages de sources sur son terrain, afin de réaliser un forage.

Rendez-vous est pris le dimanche matin à dix heures. Je réalise ma prospection et précise un secteur à forer sur l'allée goudronnée menant à un petit parking. Je fais part de mes résultats et le client m'invite à prendre l'apéritif avant de partir : il est midi moins le quart. J'accepte facilement d'autant que mon interlocuteur est chaleureux.

Comme cela arrive souvent avec les clients, il me demande comment je me suis aperçu de mon don, de ma première recherche, de mes premiers résultats. Au fil de la conversation, il m'entraîne sur la question des « pouvoirs » de certains radiesthésistes et de magnétiseurs face aux malades. Cette question me surprend un peu car la radiesthésie médicale m'intéresse peu, n'ayant jamais voulu la pratiquer dans quelque domaine que ce soit. J'ai toujours considéré que, pour exercer cet art bien particulier, il valait mieux avoir de solides connaissances médicales, les risques d'erreurs pouvant être graves. Cela dit, je ne nie pas l'existence de réelles guérisons obtenues sur des personnes souffrant notamment de verrues ou de zonas. Ainsi, dans le cas de brûlures, on voit souvent des hôpitaux faire appel à des magnétiseurs, pour activer les cicatrisations et favoriser une guérison rapide.

Soudain, mon interlocuteur se lève brusquement de sa chaise en me disant : « Vous les sourciers, vous devez être ▶

un peu sorciers pour trouver l'eau et vous pouvez sans doute aussi savoir de quoi peuvent souffrir les gens ? »
Je lui affirme que je ne pratique pas ce genre de discipline, mais qu'une ou deux fois il m'est arrivé, plutôt sous la forme d'un jeu entre amis, de leur dire : « Tu dois avoir mal à tel endroit ».
Mais mon client se fait insistant : « Même si vous n'avez jamais essayé ce genre d'investigation, vous ne voulez pas essayer de me dire de quoi je souffre ? Si vous vous trompez, ce n'est pas grave je ne vous en voudrais pas. Allez, on fait l'expérience : peut-être avez-vous ce don sans le savoir ? »
Face à sa détermination et aussi un peu par défi, j'accepte de tenter l'expérience d'autant qu'il n'y a aucun risque, si ce n'est celui de se tromper !
Comme je l'avais lu dans des ouvrages ou vu dans des films, je décide, guidé par instinct, de prendre mon pendule dans la main droite et de désigner, avec mon index gauche, telle ou telle partie de son corps. Pour ce faire, j'utilise des conventions mentales simples, comme : « Ce monsieur souffre-t-il du ventre ? De la tête ? Du cœur ? » Je me sens très mal à l'aise car c'est un rôle que je n'ai jamais joué et, qui plus est, je sens que mon client m'observe, dissèque tout ce que je dis et, de temps en temps, esquisse un petit sourire.
Intérieurement, je me dis : « Maintenant que l'expérience est commencée, je ne vais pas me dérober ou m'esquiver ». Mais dire à une personne « Vous souffrez du ventre » me paraît bien vague et pas très original car qui n'a jamais souffert du ventre ?
Voyant ma gêne et mon inexpérience, il me dit : « Si cela peut vous aider, je peux vous prêter de petites planches anatomiques appartenant à mon fils qui fait des études de kinésithérapeute. » Après tout, pourquoi pas, pensais-je, au moins j'aurai l'air moins ridicule, empêtré dans mes questions hésitantes et mal ficelées.

Pour avoir lu des ouvrages spécialisés sur l'anatomie, je décide d'examiner chaque système physiologique du corps humain et de les énumérer un par un : circulations sanguine, vasculaire, digestive... afin de voir si mon pendule aura une réaction sur l'un d'eux. Cette segmentation des questions me permet d'entrer, avec logique et rigueur, dans cet examen inattendu.
Je commence à énumérer chaque système sous la forme d'une convention mentale appropriée : « Ce monsieur a-t-il un dérèglement ou un problème particulier au niveau de son système nerveux ? » Dès la fin de l'énoncé de ma convention, je me sens immédiatement plus à l'aise, la définition de ma convention me paraissant à la fois mieux ciblée, plus claire et plus simple.
Arrivé au niveau du système digestif, le pendule se met à tourner dans le sens OUI. Je poursuis mon petit examen et mon pendule réagit aussi au niveau du système osseux, par la réponse OUI.
Pour les autres systèmes passés au crible de mes questions, je n'obtiens aucune réaction pendulaire. Je constate donc que j'ai obtenu deux réponses. Mais comment savoir de quoi et d'où pourrait bien souffrir mon interlocuteur ?
Selon ma méthode de réflexion habituelle, je décide de procéder par élimination, en appelant chaque organe appartenant à l'un de ces deux systèmes. Pour le système nerveux : le cerveau, la moelle épinière... et je scrute la réponse pendulaire.
Idem pour le système digestif : estomac, foie, intestins, rate... Soudain, à l'énoncé de ma convention mentale : « Ce monsieur souffre-t-il de l'intestin grêle ? », mon pendule réagit brutalement et se met à tourner dans le sens OUI. Je scrute le visage de mon interlocuteur qui, cependant, ne laisse rien paraître... Maintenant j'explore tous les éléments composant le système osseux : membres supérieurs, inférieurs, omoplates, colonne ▶

vertébrale, mains et je poursuis le jeu de mes questions : « Ce monsieur souffre-t-il des jambes, des poignets, des épaules... ? ». En citant la colonne vertébrale, mon pendule entreprend des rotations du signe OUI, bien régulières.
J'en conclus donc que ce monsieur souffrirait apparemment de deux maux distincts : à l'intestin grêle et à la colonne vertébrale.
Un peu hésitant, je bredouille mes deux réponses et je lui fais part de ce que j'ai trouvé. Il me rétorque : « C'est tout ce que vous pouvez me dire ? »
Je ne peux lui donner d'autres précisions, ne maîtrisant pas la technique radiesthésique médicale et encore moins l'exploration détaillée de chaque viscère ou membre. Je préfère donc arrêter là.
Mon interlocuteur me dit alors, dans un grand éclat de rire : « À présent, je vais tout vous dire : je suis médecin généraliste et j'exerce à Lille. Pardonnez mon insistance, mais je vous ai volontairement poussé dans vos retranchements pour sonder, à la fois, votre sincérité et votre désir de bien faire. Cela étant, vous pouviez aussi refuser. Par contre, j'ai apprécié que vous acceptiez d'aborder une discipline que vous ne connaissiez pas bien. Concernant le système digestif, vous êtes dans le vrai, car on vient de me trouver un début de polype intestinal par une coloscopie, polype qu'on va m'enlever au retour de vacances. Quant au système osseux, il est vrai que j'ai horriblement souffert de la colonne vertébrale : il a fallu m'opérer de la cinquième lombaire, car un pincement occasionnait un début d'insensibilité de ma jambe droite. Bien sûr, vous ne m'avez pas cité le nom précis des organes en cause, car vous m'avez dit avoir très peu de connaissances anatomiques et physiologiques. En tout cas encore bravo, car vous ne pouviez pas connaître l'existence de mes deux problèmes et je suis tout de même étonné de votre diagnostic, certes incomplet, mais ▶

cependant très proche de la réalité et correspondant parfaitement aux systèmes en cause ! ».
Aujourd'hui encore, je repense à cette rencontre étonnante et aux réponses données par mon pendule dans une exploration peu habituelle pour moi.

CHAPITRE 5

Anatomie d'un pendule

Le pendule
Considéré comme l'instrument favori du radiesthésiste, c'est un outil petit, léger, facile à transporter et à manier. Il n'a rien de mystérieux, il ne possède aucun pouvoir si ce n'est celui de se balancer ou de tourner au bout de vos doigts. Considérez-le comme un amplificateur. Il est le prolongement de vous-même.

Fil de suspension ou chaînette
Un pendule est, avant tout, une petite masse suspendue à un fil : ce fil peut être aussi une chaînette à boules et doit être suffisamment pesant pour bien tendre le fil qui le soutient. La longueur du fil doit être, en moyenne, de 8 à 15 centimètres, certains opérateurs préférant travailler avec des fils plus longs.

Le corps du pendule et sa forme
Il peut être rond, ovale, pointu, court ou long. Sa matière peut être du bois, du laiton, du métal chromé, du quartz. Son poids peut aller de 40 à 70 grammes. Au sujet de la forme du pendule, les débutants optent, en général, pour un pendule classique, du type de celui de l'abbé Mermet

qui est l'un des pendules les plus connus. En forme de petite poire, ce pendule se dévisse en deux parties, permettant ainsi d'y introduire un petit échantillon du corps recherché.

L'un des plus célèbres pendules,
créé par l'abbé Mermet dans les années 1930

La tête du pendule est dévissable

Le pendule contient une chambre destinée à recevoir un échantillon-témoin

Comment choisir son pendule ?
L'expérience démontre qu'il vaut mieux, au début, choisir un pendule classique, du type Mermet ou Luzy, d'un poids moyen de 50 grammes, pour apprendre tous les exercices de départ.
Par la suite, et suivant votre degré d'avancement et le type de recherches entreprises, vous opterez pour des pendules plus lourds, plus longs et plus pointus, afin de travailler de façon plus précise sur cartes et plans.
Allez dans une boutique spécialisée, vous serez surpris de l'abondance et du choix que l'on vous propose. À l'heure actuelle, on peut estimer qu'il existe plusieurs centaines de modèles.
Certains ont, paraît-il, des qualités particulières procurées par leur forme ou leur matière, permettant d'entreprendre divers types de recherches plus ou moins spécialisées. Certains demandent à être « chargés » ou « déchargés » avant ou après leur utilisation ! Je ne sais pas s'il faut prendre à la lettre ce genre d'affirmation car, à ma connaissance, aucune étude poussée et sérieuse ne permet d'affirmer l'existence de telle ou

telle action, induite plus par un pendule que par un autre, en fonction de la recherche entreprise.
Quand vous vous trouverez devant un présentoir de pendules, regardez-les tous et laissez votre instinct choisir. Vous allez alors constater être immanquablement attiré plus par un modèle plutôt que par un autre. Prenez-le en main, éprouvez une sensation tactile, caressez-le, soupesez-le, regardez sa matière et sa forme. Et, s'il vous plaît, alors arrêtez votre choix sur lui : ce sera le bon !

Les trois mouvements types du pendule
Le premier mouvement est la rotation à droite, dans le sens des aiguilles d'une montre.
Cela équivaut à : OUI, VRAI, EXACT, AFFIRMATIF.

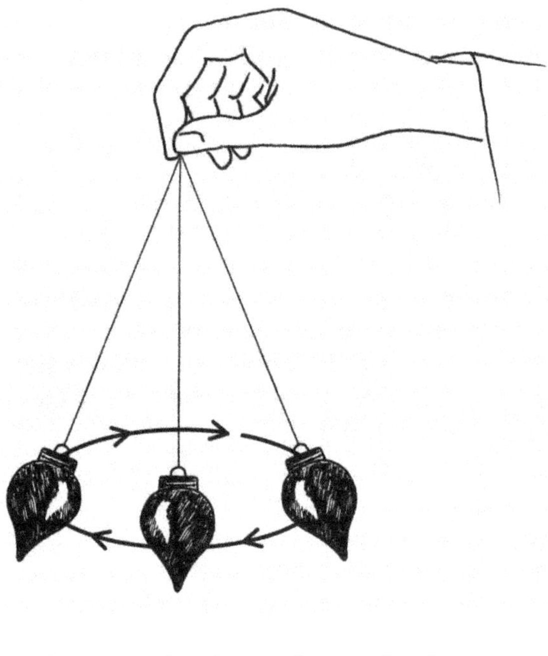

Rotation sens horaire = dans le sens des aiguilles d'une montre
Réponses = OUI, VRAI, EXACT, AFFIRMATIF

Le deuxième mouvement est la rotation à gauche, dans le sens contraire d'une aiguille d'une montre.
Cela équivaut à : NON, MAUVAIS, NÉGATIF, FAUX.

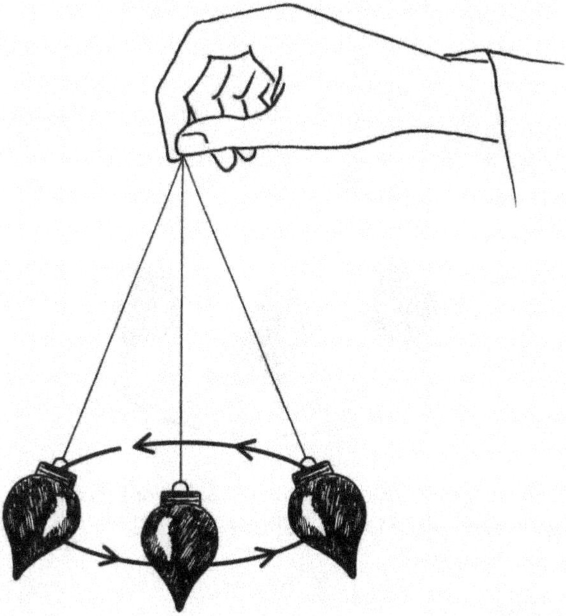

Rotation sens anti-horaire =
dans le sens contraire des aiguilles d'une montre
Réponses = NON, MAUVAIS, NÉGATIF, FAUX

Le troisième mouvement est le balancement, qui peut se manifester dans des directions de 0 à 360°, appelé aussi « balancement directionnel ».
Cela équivaut : NEUTRE, DIRECTION À PRENDRE, PAS DE RÉPONSE.

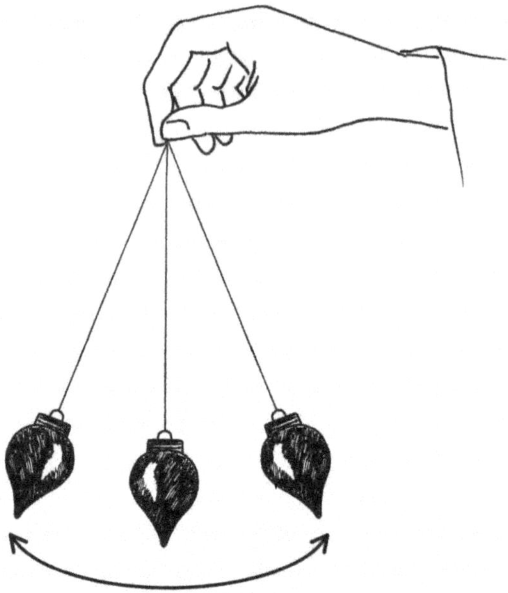

Balancements longitudinaux = oscillations d'avant en arrière
Réponses = NEUTRE, DIRECTION À PRENDRE, PAS DE RÉPONSE

Qu'est-ce qui fait tourner le pendule ?
La réponse est simple : VOUS, tout simplement ! Oui, il faut tordre le cou, une bonne fois pour toutes, à cette idée solidement ancrée dans l'inconscient populaire, qui laisse croire qu'un pendule tourne tout seul !
Un pendule ne peut pas tourner seul : il n'est que l'amplificateur des réactions de celui qui le tient... Voilà une légende qui s'effondre et risque de décevoir les amateurs de mystère et de magie !
Le pendule tourne dans votre main, parce que c'est vous qui le faites tourner inconsciemment. Même si l'impulsion est faiblement perceptible par un observateur avisé, elle existe bel et bien.

Explications des mouvements du pendule
Votre inconscient, une fois la réponse trouvée, communique une impulsion à votre main, impulsion d'origine neuromusculaire. Celle-ci fait bouger inconsciemment votre main et met le pendule en rotations, vers la droite ou la gauche.

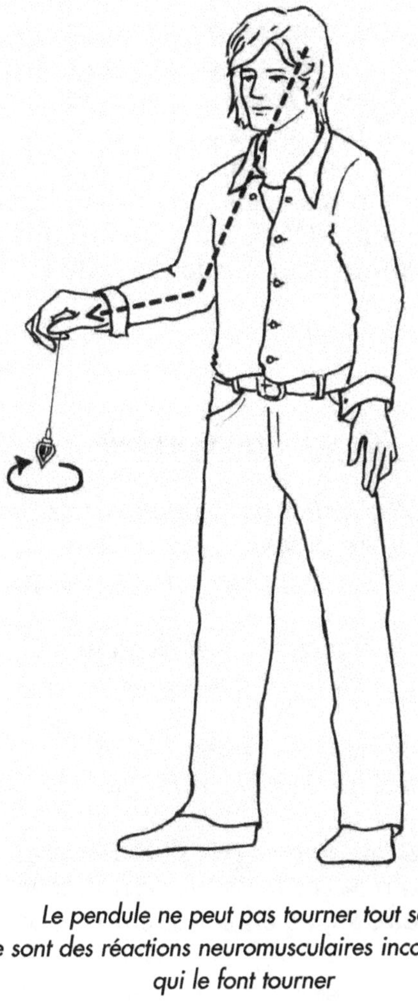

Le pendule ne peut pas tourner tout seul
Ce sont des réactions neuromusculaires inconscientes qui le font tourner

Tout le système sensitif de la radiesthésie repose sur ce principe. Il en est de même pour la baguette de sourcier qui tourne d'une façon spectaculaire dans leurs mains et à leur insu. En réalité, c'est le sourcier lui-même qui la fait tourner. Le pendule a besoin d'un relais entre lui et la chose recherchée, et ce relais c'est le radiesthésiste : ce dernier est donc comme la pile qui fait fonctionner le transistor.
Face à cette constatation, ne regrettez pas le manque de mystère ou de merveilleux : seuls comptent les résultats que vous allez obtenir. Très vite, vous allez oublier que c'est bien vous qui faites tourner le pendule !
En résumé, lorsque vous annoncerez des résultats positifs qui étonneront vos amis, dites-vous bien que c'est VOUS, et seulement VOUS, qui aurez trouvé les bonnes réponses, et certainement pas le pendule !

Ce qu'il faut retenir

Un pendule n'a rien de magique et ne possède aucun pouvoir particulier : il est le prolongement de vos doigts.

Il devient l'amplificateur de vos réactions neuromusculaires.

Sachez que sa matière, sa couleur et sa forme importent peu : seul celui qui le tient reste l'acteur principal.

Non, le pendule ne tourne pas seul dans votre main : c'est VOUS qui trouvez les bons résultats et non votre pendule. Soyez-en conscient et fier !

Témoignage

Comment est né mon pendule

Nous sommes en 1998 : depuis plusieurs années déjà, j'utilise plusieurs pendules, différents par leur forme, leur matière ou leur poids, mais je dois dire, à la vérité, qu'aucun ne me donnait véritablement satisfaction.
Lors de recherches sur plans, j'ai des difficultés à être précis, car la pointe située à la base des pendules est trop courte et ne me permet pas de localiser parfaitement la chose recherchée. Et sur le terrain, à l'occasion de recherches de sources, le pendule est trop léger et sensible au vent... Bref, le pendule idéal pour mon usage personnel n'existait pas.
Aussi, combien de fois ai-je transformé et modifié des pendules afin qu'ils me conviennent, mais les résultats n'étaient, hélas, jamais à la hauteur de mes espérances !
Je sais que tout radiesthésiste aime travailler avec LE pendule qu'il préfère. Souvent, on le choisit par attirance ou par affinité : c'est inexplicable mais c'est une réalité.
Une nuit de septembre 1998, vers une heure du matin, je me réveille brusquement et n'arrive pas à me rendormir. Au cours de mon sommeil, je venais de rêver d'un pendule à la forme très précise. Et, surtout, un nombre me revenait sans cesse à l'esprit : 75. Pourquoi ce chiffre 75 ?
Totalement éveillé, je me lève, prends un stylo, une feuille de papier et dessine le pendule perçu dans mon rêve, de peur qu'il ne s'évanouisse de mes pensées. Petit à petit, sous mon stylo, celui-ci prend la forme apparue dans mon sommeil : très pointu, en cuivre ou en laiton, suspendu à une petite chaînette d'environ 10 cm de haut, composé de deux parties, la tête qui se dévisse et contient la chaînette et enfin le corps du pendule. Mais ce chiffre 75, à quoi pouvait-il donc correspondre ? Je n'en avais aucune idée !

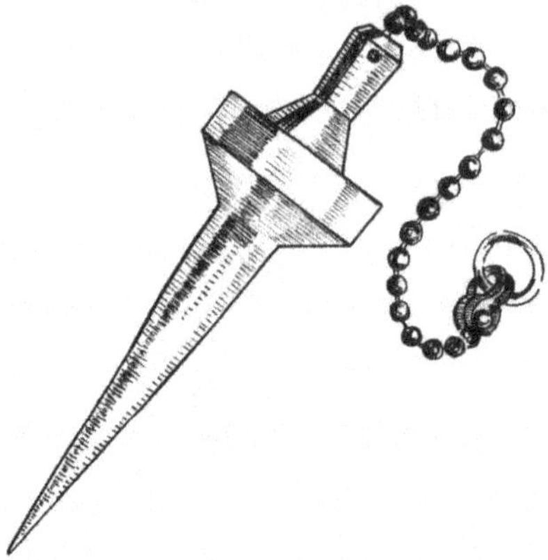

D'instinct, je pense qu'il ne peut s'agir que de son poids et, dès le lendemain, je découpe un petit morceau de plomb pesant 75 grammes, le fixe à un petit fil et essaie une prise en main. Immédiatement, je sais et je sens que ce poids est idéal pour moi !

48 heures après, je vais voir un ami tourneur, lui remets mon petit croquis pour qu'il me réalise un prototype. Dès réception de celui-ci, je sais que je tiens enfin le pendule que je désirais.

Cette anecdote ne s'arrête pas là car, ayant réalisé plusieurs vidéos de formation de sourcier, les acheteurs de celles-ci ont immédiatement souhaité se rendre acquéreur de ce pendule.

C'est ainsi qu'est né le « pendule du sourcier Michel Hennique », vendu depuis à des milliers d'exemplaires, dans les magasins spécialisés.

En résumé, la création de mon pendule a été possible par le travail du subconscient (qui organise les actes et les pensées), qui s'était ce soir-là mis en veille, tandis que l'inconscient trouvait les réponses et apportait des solutions, et tout cela à mon insu.

CHAPITRE 6

Vos premiers pas en radiesthésie

Vous avez choisi et acheté votre pendule : vous allez aborder, à présent, vos premiers exercices, les plus simples certes, mais aussi les plus importants.
Comme vous le feriez avec votre voiture, après avoir appris le code, vous allez passer la conduite, en quelque sorte.
Assimilez bien chacun des exercices, respectez l'ordre dans lesquels ils interviennent, surtout ne brûlez pas les étapes : prenez votre temps.

Table de travail et environnement
Dans une pièce bien au calme, installez-vous à une table le dos bien droit, ne croisez pas les jambes, mettez les deux pieds bien à plat au contact du sol, en écartant légèrement les jambes. Évitez toute proximité avec des appareils électriques (ordinateurs, téléviseurs, fours à micro-ondes...) qui pourraient perturber vos débuts par leurs rayonnements. En un mot, soyez très détendu et respirez profondément une ou deux fois avant de commencer (c'est un bon moyen d'évacuer le petit trac de début).

La bonne position de travail du radiesthésiste : assis, les pieds bien à plat et les jambes légèrement écartées

Tenue de votre pendule : un fil long ou un fil court ?

La toute première question, bien légitime, que peut se poser le débutant, est : « Dois-je travailler avec un fil de suspension long ou court ? »

Personnellement, l'expérience m'a appris qu'il valait mieux faire ses recherches avec un fil relativement court, à savoir une longueur comprise entre 5 et 7 cm de long. Pas plus, pas moins.

Cela mérite une explication : tout pendule a besoin, avant de démarrer, de vaincre une certaine inertie et de prendre ensuite sa vitesse de rotation. C'est exactement comme une ancienne horloge comtoise : plus son balancier est long, plus ce dernier bat lentement. À l'inverse, si vous prenez le balancier d'une petite horloge, ou celui du coucou de nos aïeux, plus il est court plus il bat vite. En radiesthésie, c'est pareil : plus le fil est long, plus le pendule aura du mal à balancer et à effectuer ses rotations. Le débutant qui utilise un pendule avec un fil court, gagne en confort et en rapidité. Cela évite surtout la contraction, la fatigue et favorise, bien entendu, l'arrivée de réponses plus rapides.

Tenue correcte du pendule entre le pouce et l'index
Saisissez votre pendule par le fil de suspension, placez votre pouce et votre index en position de « pincette » à environ 5 ou 7 centimètres de la tête du pendule, mettez votre bras en position dite « de potence » et ne posez pas votre coude sur la table. Le fait de poser le coude sur le plateau de la table favorise, en effet, l'absorption du mouvement et en diminue son intensité.

La tenue du pendule

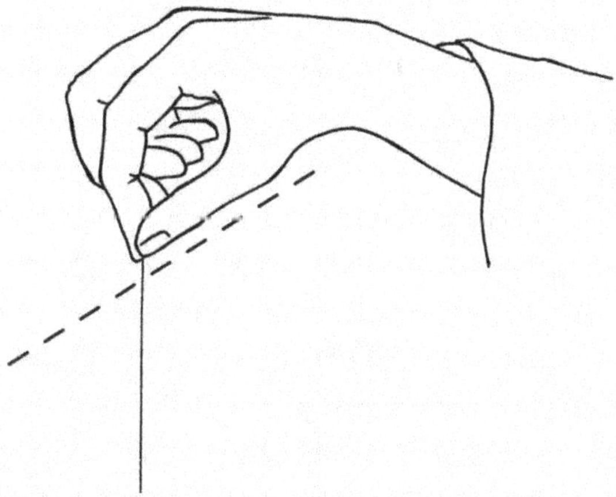

Mauvaise tenue : main pendante et axe de sustentation oblique

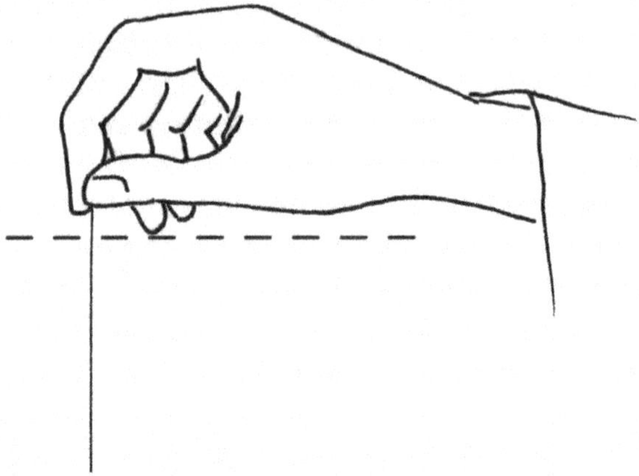

Bonne tenue : axe de sustentation parfaitement horizontal, pouce et index bien placés en « pincettes »

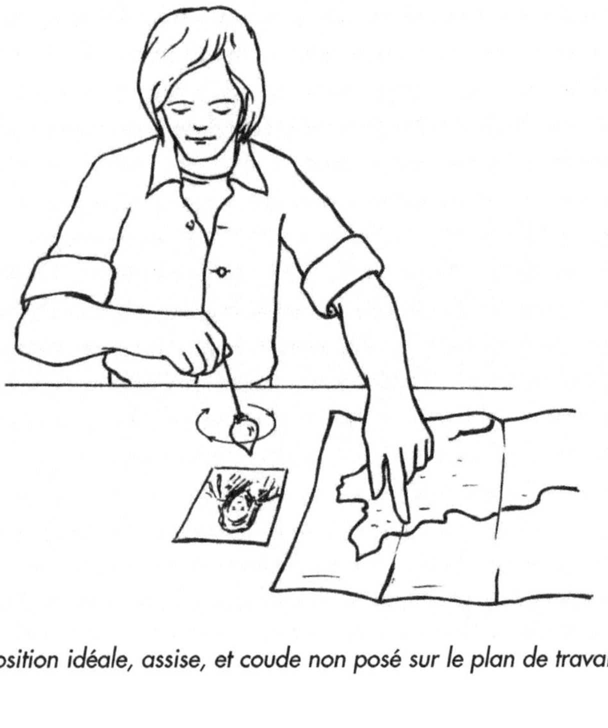

Position idéale, assise, et coude non posé sur le plan de travail

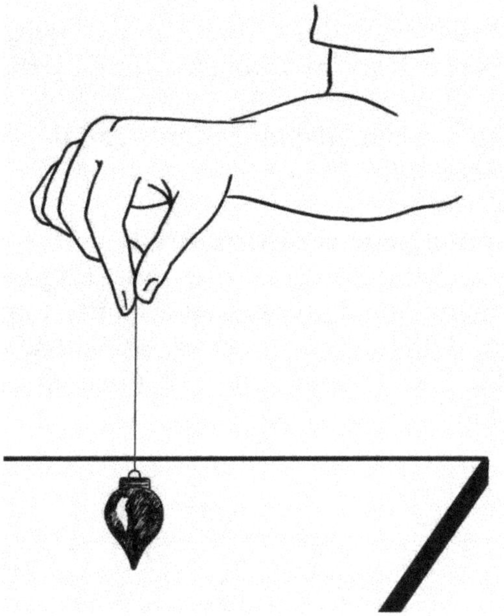

Bonne position du coude, en l'air

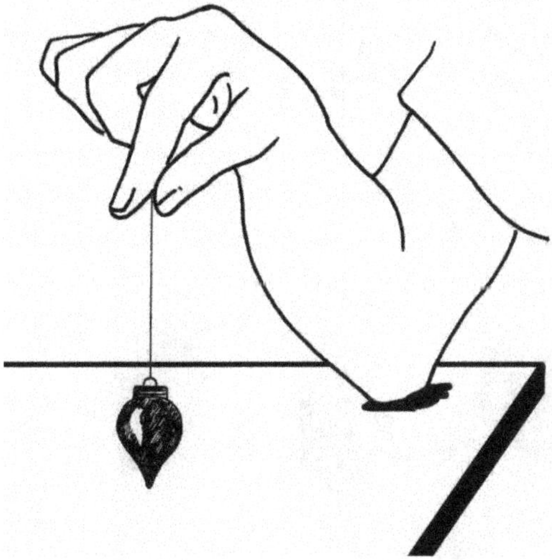

Mauvaise position du coude, posé sur la table

Créez et enregistrez, dans votre inconscient, les trois mouvements-réponses incontournables du pendule

Rappelons les trois mouvements du pendule, étudiés au chapitre précédent.

Type de rotation pour la réponse OUI
La réponse se fait à l'aide de rotations. Le pendule gire à droite (comme les aiguilles d'une montre, appelons-le sens horaire) il donne les réponses : OUI, VRAI, EXACT, AFFIRMATIF car on peut donner plusieurs sens à la réponse, selon la chose recherchée.

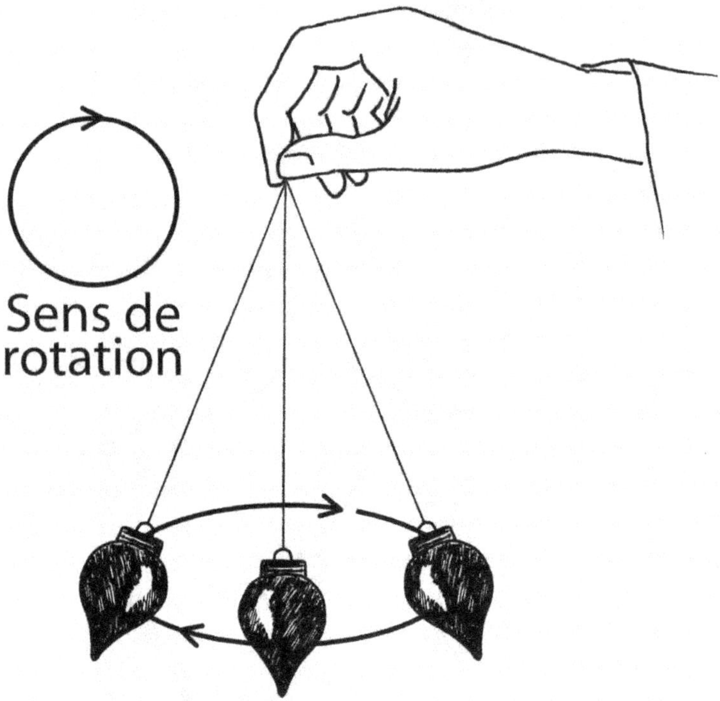

Rotation sens horaire = OUI, VRAI, EXACT, AFFIRMATIF

Type de rotation, pour la réponse NON
La réponse se fait à l'aide de rotations. Le pendule gire à gauche (sens anti-horaire) : il donne les réponses NON, FAUX, MAUVAIS, NÉGATIF.
Là encore, la réponse recherchée peut avoir plusieurs sens.

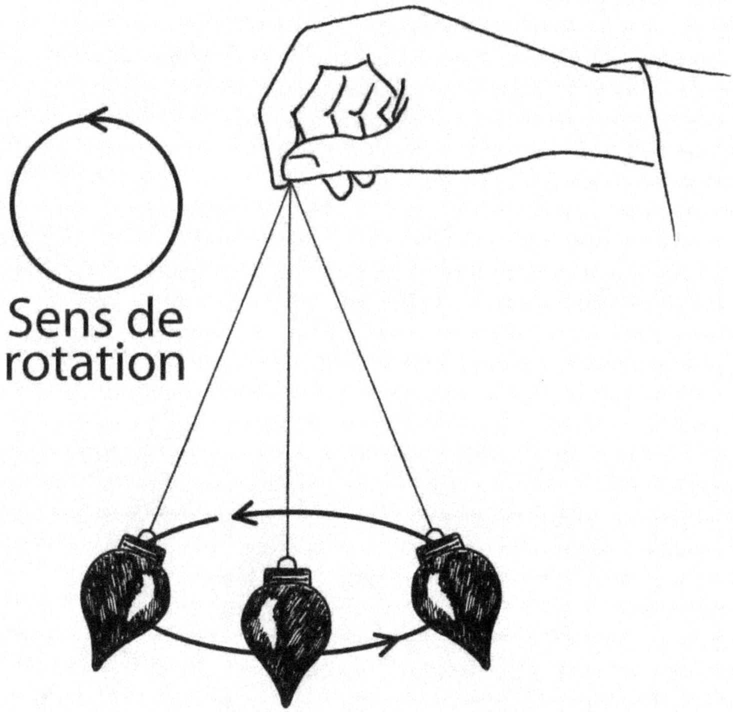

Rotation sens anti-horaire = NON, FAUX, MAUVAIS, NÉGATIF

Battements directionnels
Le pendule balance de la droite vers la gauche ou du haut vers le bas : il peut aussi, de cette façon, donner une réponse NEUTRE, DIRECTION À PRENDRE, PAS DE RÉPONSE.

La réponse se fait à l'aide de balancements dans un angle de 0 à 90°, ce qui peut indiquer tout simplement une direction à suivre. Mais il faut savoir que 95 % des radiesthésistes adoptent ces conventions.

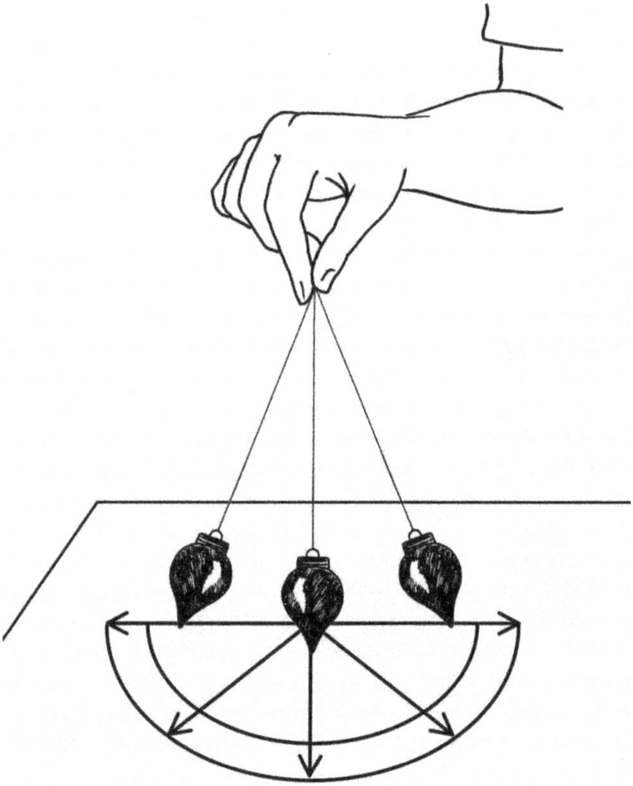

Balancements longitudinaux =
NEUTRE, DIRECTION À PRENDRE, PAS DE RÉPONSE

Création et enregistrement de vos trois conventions mentales
C'est vous seul, à présent, qui allez décider de créer, de codifier de façon définitive et de mémoriser dans votre inconscient, ces trois mouvements.
Cet exercice est capital, car il va régir et organiser toute votre vie de radiesthésiste. Il fera partie intégrante de vous-même et créera des automatismes sous la forme du fameux mouvement-réflexe. C'est une règle d'or en radiesthésie.
Le moyen le plus simple et le plus efficace de mémoriser ce mouvement-réflexe dans votre inconscient est de l'ÉCRIRE ou de le DESSINER. Ainsi, votre inconscient s'en imprègne totalement et enregistre toutes les phases de cette opération, presque à votre insu. Nous verrons, plus loin, que le fait d'écrire ou de dessiner systématiquement une phrase ou une situation est un moyen très efficace de se concentrer et d'obtenir des résultats rapides et précis.

Premier exercice : écrivez et dessinez vos conventions mentales
Prenez une feuille de papier blanc, dessinez avec un compas deux cercles avec une flèche indiquant des directions opposées et écrivez dans le premier, la mention OUI et dans le second, la mention NON.

Exercices de mémorisation des 3 mouvements de base du pendule

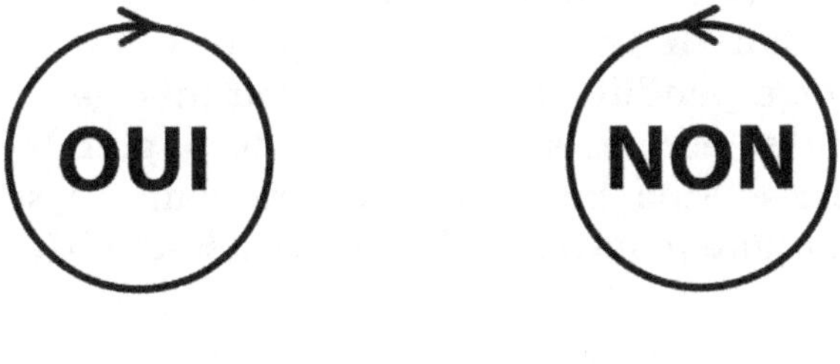

Rotations à obtenir au pendule

Sur une autre feuille de papier blanc, dessinez un trait sous la forme de deux flèches opposées, avec écrit dessous la mention : NEUTRE/DIRECTIONS À DÉTERMINER.

NEUTRE/DIRECTIONS À DÉTERMINER

Balancements à obtenir au pendule

Ces dessins vont vous permettre d'acquérir des réflexes conditionnés, fruits d'exercices répétés et réguliers. Mettez-vous maintenant en condition pour enregistrer définitivement ces trois conventions mentales. Cette opération n'est pas sans rappeler celle effectuée avec un ordinateur, afin de mettre une donnée en mémoire dans un fichier. Ce fichier virtuel est, en réalité, votre inconscient.

Deuxième exercice :

a) lancez volontairement votre pendule en rotation, au-dessus des dessins OUI et NON

Prenez le premier dessin marqué OUI, avec sa flèche dessinée dans le sens horaire et posez-le devant vous. Placez votre pendule à environ 3 centimètres au-dessus du dessin et écrivez sur la feuille de papier la phrase suivante : « Mon pendule tournera dans le sens des aiguilles d'une montre, au-dessus du dessin OUI ».

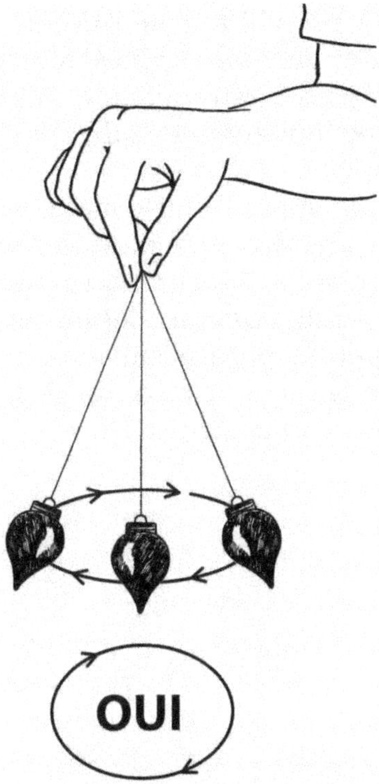

Pratique des rotations OUI au-dessus du dessin

Dès que vous êtes prêt, lancez VOLONTAIREMENT votre pendule dans le sens de la flèche, en lui imprimant, dès le départ, une rotation franche et nette. Le fait de lancer volontairement le pendule en balancements permet de vaincre l'inertie de celui-ci. Inutile de vous fatiguer, de vous crisper : n'attendez pas que votre pendule démarre de lui-même.
À présent que votre pendule se met à tourner, OUBLIEZ MENTALEMENT de le faire tourner, arrêtez de penser, de réfléchir, fixez intensément la flèche de rotation du dessin et laissez votre pendule effectuer ses rotations régulières sur sa lancée.

Habituez-vous à ce qu'il tourne librement, à votre insu : ses rotations vont devenir rapides, lourdes et régulières. Cet exercice, répété quatre ou cinq fois de suite, va vous familiariser avec le maniement du pendule.

Faites ensuite la même chose avec le dessin marqué NON, avec sa flèche dessinée dans le sens anti-horaire et posez-le devant vous. Placez votre pendule à environ 3 centimètres au-dessus du dessin et écrivez sur la feuille de papier la phrase suivante : « Mon pendule tournera dans le sens contraire des aiguilles d'une montre, au-dessus du dessin NON ».

Pratique des rotations NON au-dessus du dessin

b) Lancez volontairement votre pendule en balancements directionnels, au-dessus du dessin NEUTRE/DIRECTIONS À DÉTERMINER

Cet exercice demande une petite attention particulière pour obtenir les réponses NEUTRE ou DIRECTIONS : le pendule étant rond, il paraît normal qu'il épouse le sens de rotations droite/gauche ou gauche/droite.

Mais en ce qui concerne l'exercice de la réponse NEUTRE ou DIRECTIONS, il en est tout autrement : le mouvement à pratiquer est le balancement haut/bas ou encore latéral et légèrement incliné.

On peut considérer ce mouvement pendulaire comme étant « contrarié » par la nature même de ses amplitudes. Il est plus difficile d'obtenir un mouvement pendulaire en balancement latéral incliné qu'un mouvement rotatif, presque naturel.

Exercice pour obtenir des battements directionnels

Prenez votre pendule, placez-le au-dessus des flèches et lancez-le VOLONTAIREMENT en balancements haut/bas et, comme pour le précédent exercice, cessez de réfléchir aux balancements volontaires qui vous lui avez imprimés. Laissez-le effectuer seul ses balancements bien nets et réguliers.

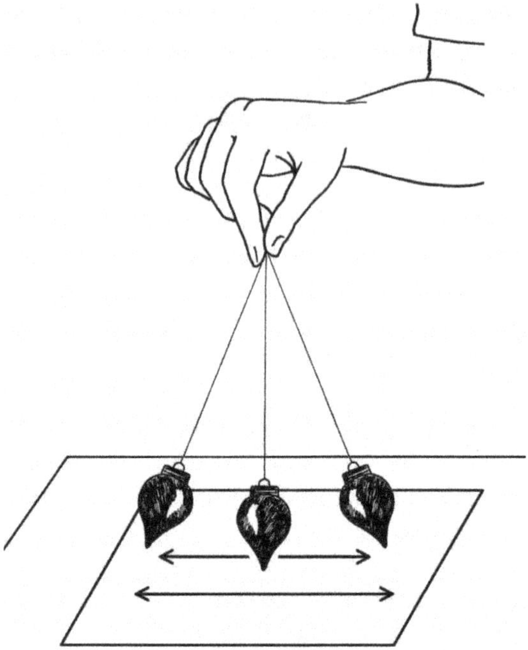

Pratique des balancements au-dessus du dessin

Abordons ensuite les variantes de ce mouvement un peu particulier : les balancements inclinés. Placez votre pendule au-dessus des flèches légèrement inclinées, choisissez celle de droite ou celle de gauche et lancez-le vigoureusement. Pensez à ce qu'il épouse et suive parfaitement l'angle d'inclinaison de la flèche, en battements répétés.
Utilisez l'autosuggestion : « Je désire que mon pendule balance dans le sens de la flèche ».

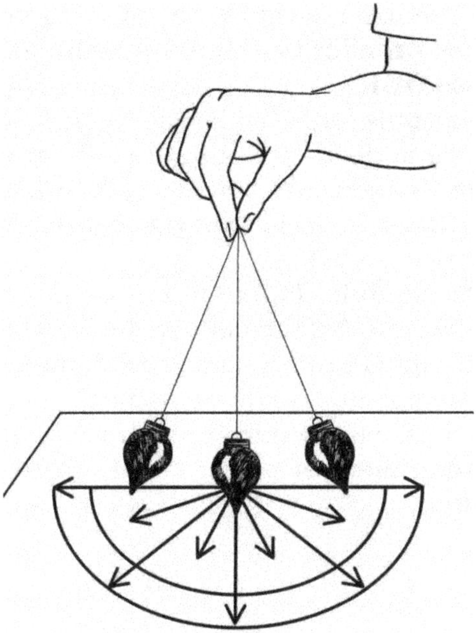

PLUSIEURS DIRECTIONS POSSIBLES

Pratique des balancements au-dessus du dessin

Il vous faut absolument maîtriser ce type de réflexe, car vous serez confronté plus tard à des recherches sur plan, qui impliqueront de donner à votre pendule, des battements à 45°, à 70° ou à 90°.
Au-dessus de chacun des petits dessins, vous devez impérativement faire cet exercice, pour le OUI, le NON et le NEUTRE, à raison d'une dizaine de fois à chaque séance. Ne passez pas à l'exercice suivant, tant que vous n'aurez pas maîtrisé celui-ci.

Troisième exercice : enregistrement dans votre inconscient de votre première convention mentale, pour obtenir la réponse OUI

Vous ne devez plus lancer volontairement votre pendule dans le sens de la flèche et vous allez oublier cette phase.
Écrivez la phrase suivante : « Mon pendule tournera de LUI-MÊME, dans le sens indiqué par la flèche, pour obtenir la réponse OUI ».
Prenez votre pendule, lancez-le en oscillations (pas en rotations, mais en balancements de haut en bas) au-dessus du dessin OUI de façon à lui donner une impulsion pour vaincre son inertie de départ.
En même temps, lisez la dernière phrase écrite par vous, pensez-y intensément et portez ensuite votre regard sur votre pendule.

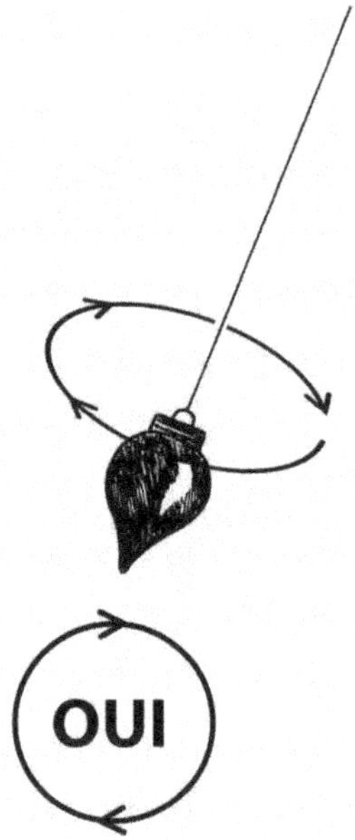

Enregistrement du mouvement OUI dans le subconscient

Surtout, LAISSEZ FAIRE VOTRE PENDULE, ne réfléchissez pas, n'intervenez pas dans vos pensées, restez neutre, soyez votre propre spectateur.
En une fraction de seconde, votre subconscient va donner l'ordre à votre inconscient de déclencher le mouvement correspondant à la réponse OUI, à savoir des rotations dans le sens horaire (de la gauche vers la droite).
Au préalable, lancez toujours volontairement le pendule en balancements au-dessus de chaque dessin.

Quatrième exercice : enregistrement, dans votre inconscient, de votre deuxième convention mentale, pour obtenir la réponse NON
De nouveau, écrivez distinctement la phrase suivante : « Mon pendule tournera de LUI-MÊME dans le sens indiqué par la flèche, pour obtenir la réponse NON ».

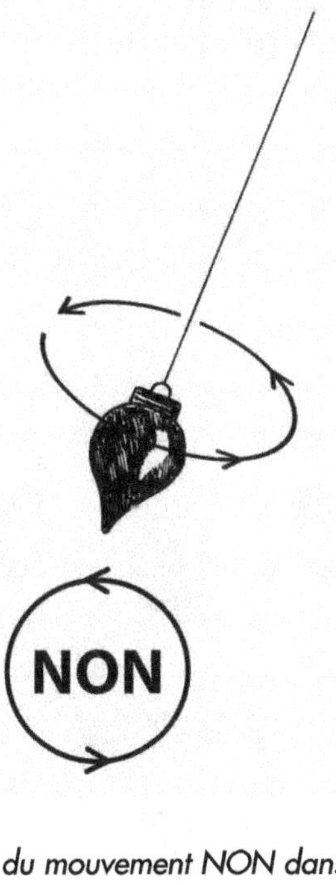

Enregistrement du mouvement NON dans le subconscient

Prenez votre pendule, lancez-le en oscillations (surtout pas en rotations) au-dessus du dessin NON, et lisez la phrase que vous venez d'écrire, pensez-y fortement et portez votre regard sur les mouvements de votre pendule. Là encore, laissez-le faire, ne réfléchissez pas, restez absolument neutre. Très rapidement, votre inconscient va prendre le relais et communiquer à votre pendule le sens de la rotation à prendre, vous indiquant ainsi la bonne réponse.

Cinquième exercice : enregistrement dans votre inconscient, de votre troisième convention mentale, pour obtenir la réponse NEUTRE/DIRECTIONS À DÉTERMINER
Écrivez sur une feuille de papier la phrase suivante : « Mon pendule tournera de LUI-MÊME dans le sens indiqué par la ou les flèches ».
Saisissez votre pendule, placez-le au-dessus du dessin, lancez-le en petites rotations (cette fois-ci, pas en balancements) afin de faciliter son départ.

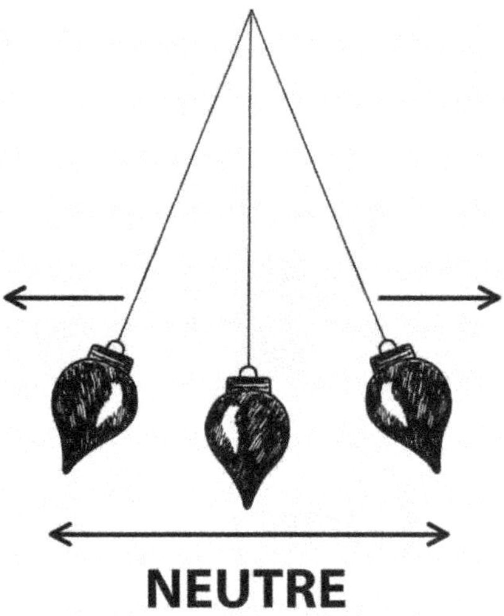

Enregistrement du mouvement NEUTRE/DIRECTIONS À DÉTERMINER dans le subconscient

Lisez la phrase que vous venez d'écrire, en vous en imprégnant très fortement et mettez-vous aussitôt dans un état passif d'attente, le plus neutre possible.
Votre subconscient va enregistrer l'information que vous venez de lui donner : cette dernière sera ensuite véhiculée vers votre inconscient qui va, quasi instantanément, communiquer la réponse à votre pendule.
Ce dernier va alors se mettre à effectuer des petits balancements de haut en bas ou légèrement inclinés, vous confirmant ainsi la réponse.

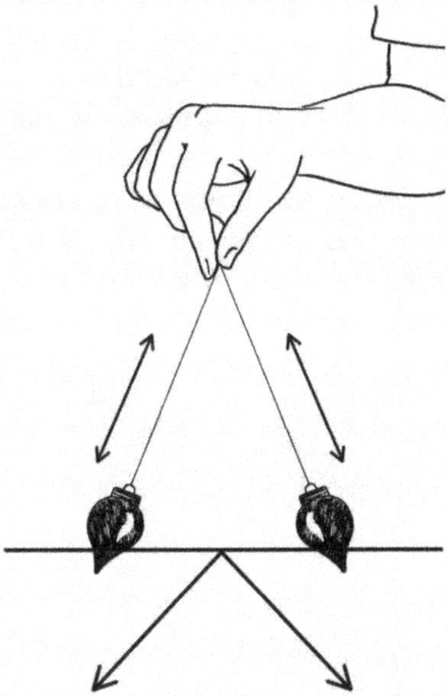

Enregistrement du mouvement NEUTRE/DIRECTIONS À DÉTERMINER dans le subconscient

En pratiquant régulièrement ces différents exercices, vous allez obtenir des automatismes rapides.

Ce qu'il faut retenir

Mémorisez bien, une fois pour toutes,
les trois mouvements-réponses de base :
OUI, NON et NEUTRE/DIRECTIONS À DÉTERMINER.

Apprenez d'emblée à bien tenir votre pendule,
fil court et doigts en pincette.

Dessinez et écrivez systématiquement toute
nouvelle convention mentale.

Apprenez à rester absolument neutre
en attendant la réponse du pendule.

Répétez et répétez encore ces exercices :
vous devez être comme un sportif de haut niveau qui
doit réagir en une fraction de seconde.

Témoignage

La recherche d'un voilier disparu dans la mer des Caraïbes

En 1988, alors que j'étais en poste à la direction régionale de l'Agence Havas pour le secteur Antilles/Guyane, je suis alerté par un ami de la direction des douanes de Martinique à propos d'un voilier qui aurait disparu lors de sa traversée Europe/Antilles. Cette histoire va montrer la chaîne de solidarité qui s'est déclenchée pour tenter d'élucider ce mystère.
Un couple de Saône-et-Loire, accompagné de deux enfants et du frère de l'épouse, maître-nageur, décide de réaliser son rêve : traverser l'Atlantique sur un voilier de onze mètres, récemment acheté, pour découvrir les îles des Antilles. Trois adultes et deux enfants, heureux de partir pour un merveilleux voyage sous les tropiques.
Le lieu du départ est le Cap-Vert, route classique pour rejoindre les Antilles, et les amarres sont larguées le 29 février 1988. Le bateau est largement doté de provisions pour un mois, des bidons d'essence en réserve sont stockés et fixés à l'arrière du bateau : cela permet d'assurer au voilier une autonomie de carburant suffisante pour faire tourner le moteur une heure par jour et recharger les batteries.
Un couple d'amis a décidé de faire cette traversée sur son propre voilier et de naviguer de concert avec eux. Mais, dix jours avant la date prévue, un empêchement familial les oblige à différer leur départ. Le premier voilier, avec ses cinq personnes à bord, part donc avant eux.
Le bateau devait, grâce aux alizés, atteindre Fort-de-France en une trentaine de jours, au plus. Deux mois se passent : la famille restée en France s'inquiète de n'avoir aucune nouvelle de leurs enfants et petits-enfants. ▶

Aucun message radio ni signe de difficulté quelconque enregistrés par des navires qui auraient pu croiser leur route. Aucun signal de détresse. Normalement, la traversée Cap-Vert/Antilles peut se faire, selon le bateau ou la route empruntée, en 22 à 30 jours.
La famille intervient auprès du préfet de leur département, qui lui-même contacte le ministère de l'Intérieur, afin de mettre en place des moyens de recherches sur la zone concernée. Les Douanes et les Affaires maritimes sont aussitôt alertées pour intervenir dans le secteur des Caraïbes.
C'est le moment que choisit mon ami des Douanes pour me demander si je peux faire quelque chose. Certes, mais chercher un voilier de onze mètres sur l'Atlantique, c'est chercher une aiguille dans une botte de foin. Je demande des éléments de recherches plus précis : cartes, lieu de départ, route maritime empruntée, photo de chaque participant.

Dès le lendemain, une véritable chaîne de solidarité se met en marche pour me faire parvenir ces éléments depuis la métropole, afin que je puisse commencer mes recherches rapidement. Des amis de cette famille inquiète montent à Paris et remettent, à un commandant de bord d'Air France, l'enveloppe contenant les précieux documents, qui me parviennent par le vol du lendemain. Conjointement, des messages sont diffusés chaque jour sur les longueurs d'onde des radios maritimes du secteur. Sans résultats, hélas.

Je commence immédiatement mes recherches : j'essaye de reconstituer ce qui a pu arriver et qui permettrait de diligenter des recherches plus précises.
Voici la méthode que j'ai utilisée dans cette recherche et qui m'a permis de remettre mon rapport aux autorités maritimes le 17 mai 1988.

Reconstitution du trajet
Je place précautionneusement mon pendule sur une carte maritime professionnelle, au-dessus des îles du Cap-Vert et j'attends sa réaction. Il m'indique une route légèrement au sud, sur environ mille deux cents milles nautiques et arrive dans la zone critique : longitude 50° Ouest et latitude 20° Est. Cette zone est connue pour avoir des courants forts avec une dérive Est – Ouest vers les côtes d'Amérique du sud.

Origine supposée de la disparition du voilier
Ayant déjà recherché des voiliers perdus en mer, j'ai mis au point des questions spécifiques, auxquelles le pendule doit pouvoir donner des réponses.
J'utilise mes cadrans adaptés à ce genre de recherche et j'énumère, avec mon pendule, les causes possibles de ce retard inquiétant : démâtage, voie d'eau, collision avec un autre bateau, explosion à bord, incendie, acte de piraterie (cela est courant dans ce secteur), panne de radio, avarie de gouvernail… Pour chaque situation, j'énumère également les sous-situations possibles : si le pendule m'indique que le voilier a été éperonné, il faut vérifier si le bateau éperonné flotte à la dérive ou a été éperonné mais a sombré.
La réponse obtenue à mes questions est nette, sans hésitation : incendie à bord. Le pendule confirme la réponse : voilier incendié et qui a sombré.
La coque étant en plastique, on peut effectivement redouter le pire et imaginer qu'après avoir brûlé, le voilier ait sombré en plein Atlantique. En revanche, je sais que le bateau est doté d'un canot de survie : il est donc toujours permis d'espérer…
M'accrochant à cet espoir, je place mon pendule au-dessus de la photo de chaque participant pour déterminer l'état de vie ou de mort de chacun d'eux. Pour tous les participants, mes tests sont, hélas, négatifs : il semble ▶

que tous soient morts noyés ou brûlés… sauf un, le beau-frère maître-nageur, pour lequel j'ai des réponses floues de mon pendule.
Après plusieurs essais, j'essaie de comprendre pourquoi j'ai des rotations de pendule ovoïdes plutôt que circulaires, qui me confirment une faible possibilité de survie de cette personne. À noter que, pendant la recherche, mon pendule présente des signes parfois contradictoires, oscillant entre la vie ou l'état de mort…
À la fin de ma recherche, je me sens mal à l'aise et je me demande à quoi correspondent ces hésitations pendulaires. Je décide donc de terminer là mes investigations. Malheureusement, et après encore quelques jours de recherches sur la zone Caraïbes, celles-ci sont abandonnées par les autorités maritimes, fautes d'indices.
Comme chacun sait, en radiesthésie, seule la preuve de ce que l'on avance doit apparaître sans ambiguïté dans les faits, attestant de la réussite de la recherche. Et dans le cas présent, il n'y a rien ou peu de choses concrètes exploitables. Par contre, un peu plus tard, deux faits indéniables apparaissent, semblant accréditer mon hypothèse de recherche et confirmer que le voilier aurait effectivement sombré.
Premier fait. Les amis des navigateurs disparus, qui devaient effectuer la traversée en même temps qu'eux et qui ont dû retarder leur départ, sont bien arrivés à Fort-de-France où ils ont été entendus par les Affaires maritimes. Voici leur témoignage : « *Nous avions mis en garde nos amis de ne pas fixer leurs réserves d'essence à l'arrière du bateau pour différentes raisons, dont une plus particulièrement judicieuse : s'il devait y avoir un incendie causé par ces bidons, le feu se propagerait très rapidement vers l'avant du bateau, eu égard aux vents arrière générés par les alizés en zone Caraïbes* ».
Second fait. Dans un article du journal France-Antilles, paru fin mai 1988, on apprend qu'un canot Zodiac ▶

(portant le nom du voilier disparu) s'est échoué au large de Caracas sur l'île de la Blanquilla. Dans ce canot se trouvait le squelette du beau-frère des disparus... Cette découverte a été confirmée par les garde-côtes vénézuéliens.
Ce jour-là, j'avais peut-être frôlé de très près la réalité du drame qui m'avait particulièrement touché, car une famille entière partie heureuse, avait disparu, alors qu'une autre la pleurait, celle restée en France...
Les grands-parents éplorés ont eu l'extrême gentillesse de m'adresser, quelque temps après le drame, un courrier de remerciements qui m'a profondément bouleversé. En voici un extrait.

« *Cher Monsieur Hennique,*
Nous venons, par la présente, vous exprimer toute la gratitude que nous portons au travail que vous avez fourni afin de tenter de retrouver nos enfants et petits-enfants, partis heureux vivre une passion, un rêve devenu pour nous un cauchemar.
Nous sommes conscients que vous avez usé de tout votre art dans cette recherche, en collaborant avec les autorités et les organismes compétents, afin que les investigations que vous nous avez transmises reposent sur des bases fondées. Malgré la conviction de l'issue fatale qu'ils ont rencontrée, nous garderons toujours une lueur d'espoir, si minime soit-elle, d'apprendre la vérité...
Recevez, Monsieur, notre sincère sympathie, accompagnée d'une profonde reconnaissance. »

CHAPITRE 7

Mémorisez vos mouvements-réflexes : OUI, NON et NEUTRE

Il est indispensable de vérifier si la leçon précédente a porté ses fruits. Et surtout de mesurer dans quelles proportions, et avec quelle acuité, votre mémoire a parfaitement assimilé les trois mouvements directionnels du pendule.

Cette vérification passe par un procédé que nous avons voulu très simple. Il consiste à prendre votre mémoire à « contre-pied », à l'induire volontairement en erreur et surtout à mettre à contribution votre inconscient qui va déclencher la bonne réponse. Le principe consiste à donner volontairement à votre cerveau une information et à vérifier si celui-ci va bien faire intervenir l'inconscient qui va la corriger immédiatement.

Cet exercice est capital : pratiquez-le souvent au début, car c'est sur lui que reposera désormais le succès de vos recherches.

Ne passez à l'étape suivante que si vous avez réussi vos exercices, dans la proportion de 9 sur 10. Soyez intraitable avec vous-même.

Phase 1 : préparation du mot OUI de contrôle
Abordons l'exercice de vérification, en commençant par tracer sur une feuille de papier, avec un feutre noir, un petit rectangle dans lequel est écrit le mot OUI.

Phase 2 : mise en place du pendule, au-dessus du dessin
Placez ce dessin sous votre pendule et énoncez mentalement la convention mentale suivante : « Mon pendule tournera dans le sens correspondant à la réponse ». Saisissez bien dans votre esprit le sens précis de cette question.

Phase 3 : attente de la réponse
Lancez volontairement votre pendule comme indiqué dans les leçons précédentes : en balancements. Faites le vide absolu dans votre mental, ne réfléchissez pas, ne déduisez rien. Au besoin, répétez la phrase, comme le ferait un vieux disque rayé (c'est un moyen de combattre l'autosuggestion du débutant), attendez la réponse qui va se traduire par le bon mouvement du pendule.

Tests de contrôle de mémorisation des 3 mouvements de base du pendule

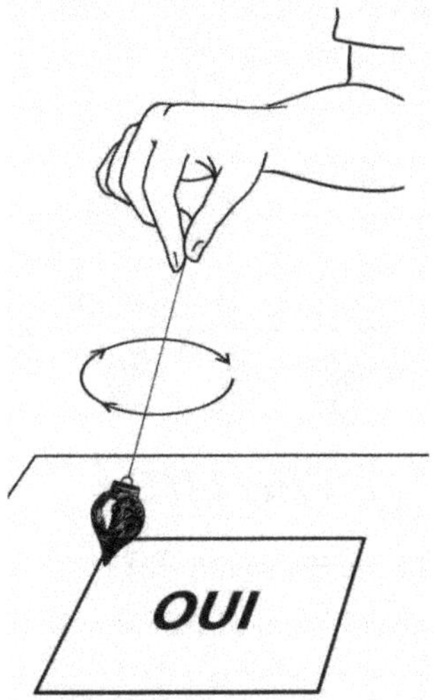

Mouvements pendulaires obtenus dans le sens horaire

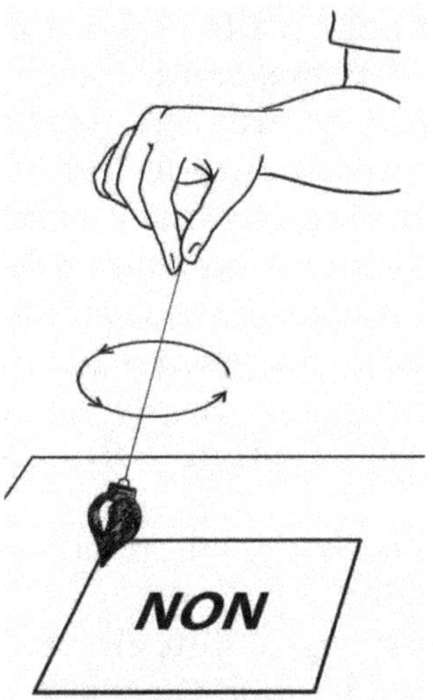

Mouvements pendulaires obtenus dans le sens anti-horaire

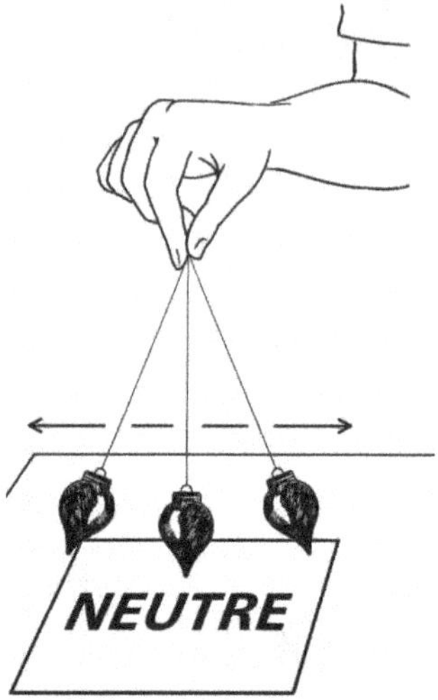

Mouvements pendulaires obtenus avec balancements

Phase 4 : réponse du pendule

Presque immédiatement, le pendule va changer son mouvement, pour amorcer la réponse par des rotations à droite (sens horaire) vous confirmant la réponse OUI.

Vous pouvez en conclure que votre inconscient est parfaitement en accord avec le dessin : c'est la preuve éclatante que votre inconscient a parfaitement assimilé le mouvement réflexe et fait tourner le pendule dans le sens qui convient à la réponse véritable.

Bien entendu, vous devez réaliser le même exercice pour obtenir la bonne réponse en plaçant le pendule sur le rectangle, portant la mention NON et NEUTRE.

Autres tests de mémorisation des trois conventions mentales, associées à des dessins

Le but, cette fois-ci, est d'obtenir une réponse à partir d'un dessin et non d'un mot. C'est une variante de l'exercice précédent, qui va vous permettre de développer la rapidité de votre réponse à partir d'une donnée nouvelle. Ce nouveau mouvement-réflexe vous permettra de mesurer la flexibilité et l'adaptabilité de votre esprit aux futures recherches de personnes ou d'objets disparus.

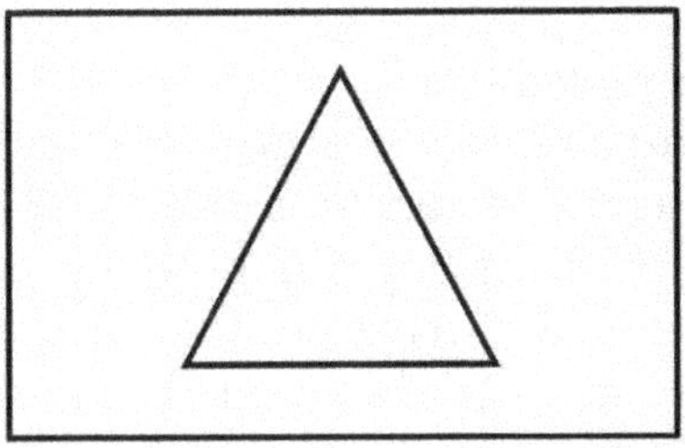

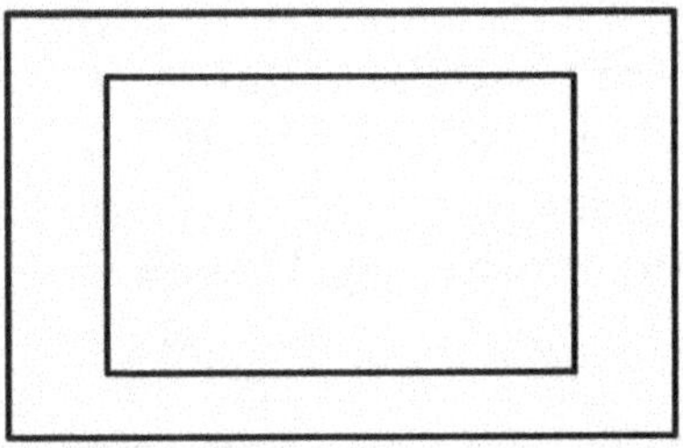

Exercices de contrôle de réponses au-dessus de formes opposées

Comment obtenir la réponse OUI sur le triangle ?

1. Préparation du dessin de contrôle, pour vérifier la bonne réponse à obtenir

Préparez deux petits cartons blancs, sur lesquels vous dessinez un triangle et un rectangle.

2. Mise en place du pendule au-dessus du dessin du triangle
Regardez bien le dessin, avec ses trois côtés : imprégnez-vous de sa forme caractéristique, respirez calmement puis disposez votre pendule au-dessus, en énonçant calmement votre convention mentale : « Ce dessin est-il un triangle ? »

3. Attente de la réponse
Lancez volontairement votre pendule en balancements. Concentrez-vous sur le sens des paroles que vous prononcez intérieurement, et surtout bloquez parfaitement le cours de vos pensées, soyez neutre. Attendez la réponse du pendule qui va se traduire par le mouvement correspondant à celle-ci.

4. Réponse du pendule
Gardez bien votre concentration, soyez détendu, faites confiance à votre pendule. Celui-ci va quitter ses balancements pour passer en rotations positives (sens horaire). La réponse est donc OUI. Votre inconscient est parfaitement en accord avec l'image.

Comment obtenir la réponse NON sur le rectangle ?

1. Mise en place du pendule sur le dessin du rectangle
Disposez votre pendule au-dessus du dessin représentant le rectangle et, comme pour l'exercice précédent, imprégnez-vous bien de sa forme particulière et prononcez intérieurement votre convention mentale : « Ce dessin est-il un TRIANGLE ? »

2. Attente de la réponse
Lancez volontairement le pendule en balancements. En même temps, examinez bien dans le détail le dessin rectangulaire et restez neutre : attendez la réponse et observez les mouvements de votre pendule.

3. Réponse du pendule

Pendant ce bref instant, ne déduisez rien, n'essayez pas de deviner la réponse…

Votre pendule quitte très rapidement ses balancements pour amorcer des rotations dans le sens anti-horaire. Au début, celles-ci sont ovales et s'arrondissent petit à petit. La réponse est donc exacte, puisque le pendule vient de répondre NON.

Cette troisième leçon contient tous les ingrédients pour réussir vos tests : elle est donc déterminante. Ce sont vos premiers pas avant de marcher, puis de courir.

Exercices de contrôle de réponses au-dessus de formes opposées

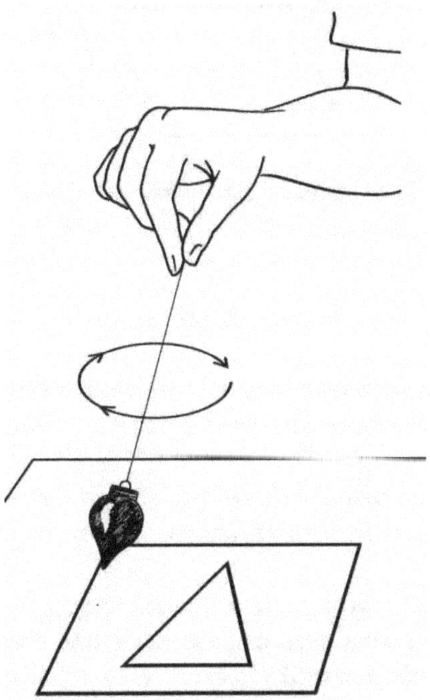

Cette figure est-elle un triangle ? OUI

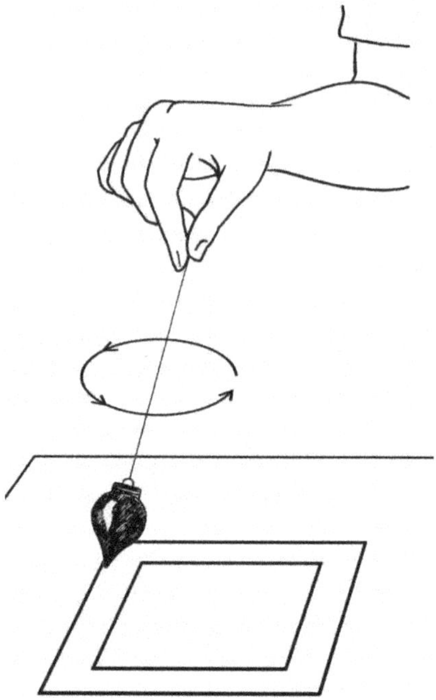

Cette figure est-elle un triangle ? NON

Ce qu'il faut retenir

Pratiquez souvent les tests de mémorisation avec d'autres dessins, d'autres objets.

Obtenez impérativement et rapidement des mouvements-réflexes automatiques.

Utilisez la technique du « disque rayé », en répétant en boucle votre convention mentale. Pendant que votre esprit pense à répéter celle-ci, il ne cherche pas à déduire et à intervenir dans la réponse de votre recherche. Vous neutralisez ainsi le cours de vos pensées.

Témoignage

La recherche officielle de mon premier disparu

Un jour, un gendarme ayant appris, par des amis communs, que je pratique des recherches au pendule, prend contact avec moi. Ce sera le début d'une amicale et chaleureuse collaboration.
Nous sommes le 23 juillet 1997 : un gendarme de l'arrière-pays niçois m'appelle pour me demander si je peux aider à rechercher monsieur M.G., âgé de cinquante-quatre ans, ingénieur de son état, disparu depuis le 9 juillet à l'occasion d'une partie de pêche à la truite dans un torrent de montagne.
L'homme n'étant pas revenu à son hôtel le soir, le propriétaire de l'hôtel en parle aux gendarmes. Ceux-ci retrouvent très rapidement la voiture de son client, garée sur un petit parking de bord de route. Les recherches, effectuées par des plongeurs dans le lit du torrent, n'ont pas apporté d'indices susceptibles d'orienter celles-ci.

Le soir même, je reçois les éléments de recherche par fax : photo du disparu et cartes. Je me mets immédiatement au travail.
Un point est capital pour moi : l'emplacement de la voiture. De son côté, la gendarmerie me fait part de témoignages contradictoires de personnes affirmant avoir vu le disparu dans une boutique de l'aéroport, à Cagnes-sur-Mer sortant d'un magasin…
Je sais qu'il me faut être prudent avec les témoignages car ils peuvent influencer ma recherche et créer un effet d'autosuggestion m'entraînant vers de fausses pistes. Je décide donc de les enfouir dans un coin de ma tête !

La recherche sera difficile pour les gendarmes car elle se déroule en haute montagne, près d'un torrent à gorges étroites et aux accès délicats.
Sachant, par expérience, que toutes les disparitions obéissent à des motivations bien particulières et à une psychologie spécifique, c'est à partir de ces postulats que toute ma méthode de recherches a été formulée. Elle consiste à rédiger une suite de questions très précises, puis d'obtenir des réponses OUI ou NON avec le pendule, par éliminations successives d'événements qui auraient pu se dérouler.
Mes deux premières questions : le disparu est-il MORT ou VIVANT ? Sa disparition est-elle VOLONTAIRE ou INVOLONTAIRE ?
Je regarde bien en détail le visage sur la photo, m'imprègne des dates et des circonstances : « Le disparu est-il, à l'heure actuelle, vivant ou décédé ? » Je dispose mon pendule au-dessus de la photo, me concentre, pose mon index sur sa carotide et essaie de « sentir » ses battements de cœur au travers d'éventuels mouvements reconstitués par mon instrument. Rien.
Je place alors la photo sur un cadran d'évaluation d'indices de vie ou de mort : là encore, le pendule confirme un indice de vitalité zéro. L'activité cardiaque du disparu étant plate, je considère qu'il est décédé.
À présent, il me faut déterminer si la disparition est volontaire ou involontaire. Je pose la photo sous chacune des deux questions. Disparition volontaire : le pendule tourne en négatif, NON. Disparition involontaire : il se met immédiatement à tourner dans le sens OUI.
Je précise mes questions et je parviens à obtenir des réponses OUI à : accident – chute dans le vide – noyade – corps dans le secteur où se trouve sa voiture.
Il me reste à localiser précisément le corps. Sur une carte IGN, à hauteur du lieu-dit « Les Roumegons », je sens le pendule s'alourdir. Puis ce dernier se met à tour- ▶

ner furieusement au-dessus d'une boucle du torrent, située dans un endroit très escarpé et étroit. Je marque l'endroit le plus exactement possible, de façon à ce que cette indication soit exploitable par le peloton de recherches des gendarmes, avec hélicoptère et plongeurs spécialisés.
Mon sixième sens me dit que je suis près du but : j'éprouve alors une accélération de mon rythme cardiaque avec un goût particulier... de réglisse sous la langue ! Je suis incapable, encore aujourd'hui, d'expliquer ce goût de réglisse qui survient lors du dénouement d'une recherche. Jusqu'à présent, j'avais toujours hésité à en parler, de crainte d'être ridicule, mais ce livre me donne l'occasion d'affirmer que ces sensations existent bien réellement et ne sont pas dues à mon imagination... Saurai-je un jour pourquoi ?
C'est donc à partir du point que j'ai trouvé que les forces de gendarmerie vont centraliser leurs recherches et éviter de se disperser dans un environnement à risques. Fort de ce résultat, je rédige mon rapport et l'adresse par fax au commandant de la brigade, qui fait immédiatement venir un hélicoptère et des plongeurs. Ceux-ci, déposés au-dessus du lit du torrent par l'hélicoptère en vol stationnaire, commencent leur difficile travail de recherche.
Vers dix-huit heures, le commandant m'appelle pour m'informer de la localisation du corps du malheureux pêcheur. Celui-ci est bien à l'endroit que j'ai indiqué sur la carte, avec un écart d'environ 15 à 20 mètres, coincé dans des racines au fond du lit du torrent. Il avait fait une chute du haut des falaises hautes de 15 mètres, s'était fracassé le crâne et noyé.
Quelque temps plus tard, la sœur du disparu, de formation scientifique de haut niveau, m'a fait adresser par les gendarmes une très émouvante lettre de remerciements, datée du 11 août 1997. À l'époque, cette recherche étant ▶

ma première concernant une personne disparue, je n'avais pas encore édicté mes règles de collaboration entre famille, gendarmerie et moi ; ce qui explique que ce courrier me soit parvenu.

« Monsieur Hennique,
Je voudrais vous remercier pour votre travail effectué à partir d'un avis de recherche concernant mon frère. Il a été retrouvé par les secours de gendarmerie le 24 juillet dans ces mêmes gorges, à quelques mètres d'un point que vous aviez signalé. Plusieurs recherches avaient été faites en vain dans ce secteur. Le commandant de la brigade m'a dit avoir été tout de suite intéressé par votre rapport, ce qui a permis de préciser les directions de recherches. N'étant pas personnellement sensible, a priori, à cette démarche à laquelle je n'avais encore jamais été confrontée, je n'ai pu qu'être surprise par sa méthode déductive et sa convergence.
Et je me dois d'ajouter, en finalité de votre travail et certainement de votre don, la reconnaissance quant à votre solidarité désintéressée.
Recevez, Monsieur, au nom de ma famille et de moi-même, l'expression de notre reconnaissance. »

CHAPITRE 8

Comment se servir de l'objet-témoin

Définition et rôle de l'objet-témoin

Dans les prochains chapitres, nous allons souvent parler de témoins, de cartes témoins, de pièces témoins, et il convient d'expliquer exactement de quoi il s'agit.

Bien souvent, un témoin est caractérisé par un objet, ou un échantillon, correspondant à la chose à retrouver. Pour un disparu, on utilise fréquemment sa photo. Ce support visuel, baptisé « témoin-photo », permet ainsi de mettre un visage sur un nom et de voir la personne que l'on va chercher. Cet élément va être le lien qui unit la chose recherchée au radiesthésiste, et qui va favoriser sa concentration.

Mais on peut également utiliser un objet : le collier d'un chien fugueur à retrouver. Ce collier devient alors le témoin physique de la recherche.

Le témoin s'utilise avec des conventions mentales adaptées. Il a un rapport direct ou indirect avec la personne ou l'objet recherchés : une montre, un bracelet lui ayant appartenu…

D'une façon générale, le témoin utilisé au cours d'une recherche est très souvent identique, voire très proche de la chose recherchée.

Les témoins étant très nombreux, il importe de les classer en quatre groupes différents, pour mieux les utiliser : les témoins naturels, photographiques, artificiels (ou virtuels) et imprégnés.

Les témoins naturels

Dans la majorité des cas, ils sont représentés par ce qu'il est convenu d'appeler des extraits ou des échantillons de la chose recherchée : poudre d'or pour une recherche de filon, par exemple.

Au cours d'une recherche, le volume, le poids ou la quantité des échantillons du témoin utilisé n'ont aucune importance. L'important est que l'échantillon soit proche ou équivalent de la chose recherchée.

Par exemple, certains sourciers utilisent une petite fiole contenant de l'eau de source pour détecter d'autres sources dans le sol. Cette fiole peut être, au cours de la recherche, tenue dans la main gauche ou bien suspendue à un fil faisant en même temps office de pendule et de témoin.

Certains pendules, comme celui de l'abbé Mermet déjà évoqué, se dévissent et peuvent contenir un petit échantillon de la chose à rechercher.

Les témoins photographiques

Ce sont probablement les plus utilisés par les radiesthésistes, pour leur côté pratique et précis, mais aussi pour leur caractère informatif très détaillé. En effet, une photo contient tous les éléments de la personne à rechercher : son visage, son expression et surtout le reflet de sa personnalité.

Tous ces éléments sont de nature à sensibiliser notre radiesthésiste en quelques fractions de secondes, car un tête-à-tête immédiat s'établit entre cette personne et lui.

Bien sûr, on peut toujours s'étonner du bien-fondé de cette méthode, dont les résultats obtenus par certains radiesthésistes sont absolument incontestables.

Il ne se passe pas un mois sans que radios et télévisions ne citent le cas d'une personne retrouvée grâce à une photographie utilisée par un radiesthésiste. La souplesse de l'utilisation du témoin photographique permet de l'employer en de très nombreuses circonstances : photo d'un bijou volé ou perdu, photo d'un chien fugueur, photo d'un objet d'art volé, photo d'une voiture volée, de clés perdues ou égarées.
La photo est le support de recherche qui permet au radiesthésiste d'accéder à une concentration maximale et rapide avec un grand nombre de détails.

Les témoins artificiels ou virtuels
Nous entrons de plain-pied dans la partie la plus méconnue, pour ne pas dire la plus mystérieuse et parfois la plus controversée, de la radiesthésie.
L'utilisation de cette technique résulte, bien souvent, de l'impossibilité qu'a l'opérateur de se procurer un échantillon ou une forme représentative de la chose recherchée. Il faut qu'il fasse appel à son imagination pure, résultat d'une action mentale extrêmement puissante.
Il écrit tout simplement le nom ou dessine ce qu'il cherche (s'il a suffisamment d'éléments en sa possession). Là encore, nous avons la démonstration de l'utilisation d'une autosuggestion volontaire, puissante, précise, qui va matérialiser sur le papier et dans le cerveau de l'opérateur, l'objet de sa recherche.

Exemple de la recherche d'une broche perdue
On doit rechercher une broche perdue par une dame, dans une salle de spectacle. Bien entendu, et comme c'est souvent le cas, on ne possède ni photo du bijou ni ses caractéristiques détaillées.
Aussi, à partir de quelques éléments fournis par la propriétaire du bijou, on pourra apprendre que la broche a très peu de valeur, puisque composée de fausses

pierres rappelant l'émeraude, fixées sur une monture argentée. Fort de ces éléments, on va écrire sur un papier blanc et dans une « bulle » tracée au stylo, toutes les informations recueillies : « Broche ovale en pierres vertes montées sur métal argenté, perdue dans la salle du cinéma Excelsior, le 10 décembre au premier balcon ».

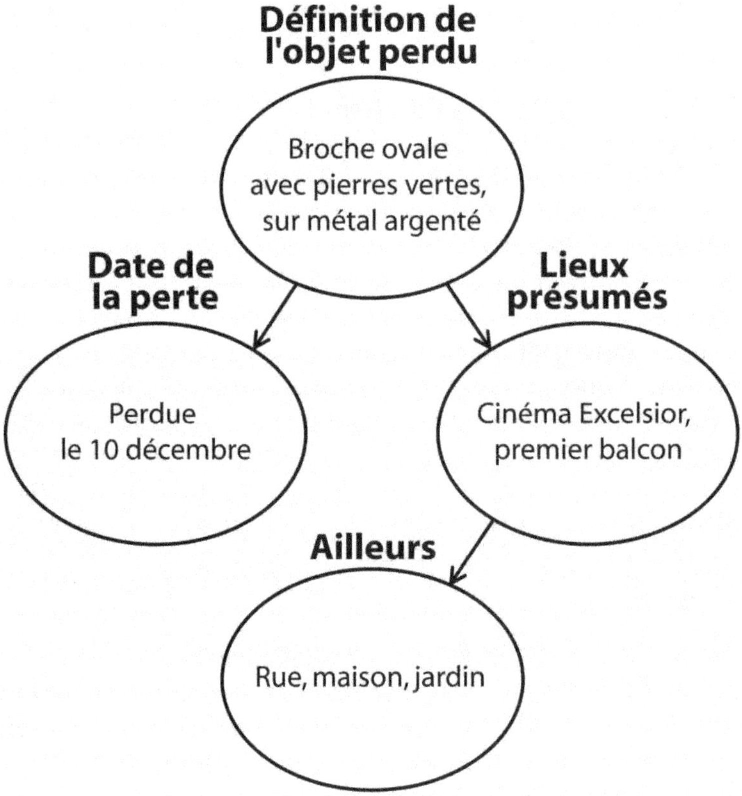

Exemple d'une orientation mentale pour retrouver une broche perdue

Une fois la recherche terminée, on vérifiera auprès de ce cinéma si un spectateur n'a pas remis au responsable de la salle le bijou perdu.
Le témoin créé de toute pièce n'a, en vérité, aucun pouvoir particulier, si ce n'est celui de matérialiser physiquement l'objet de la recherche, et de provoquer un puissant effet d'autosuggestion. À ce sujet, il existe une hypothèse reposant sur le fait suivant (hypothèse pas encore vérifiée scientifiquement à ce jour) : le seul fait que le cerveau de l'opérateur pense puissamment à la chose perdue, provoquerait chez lui une émission de « radiations » correspondant à la chose recherchée, des radiations qui iraient de l'opérateur vers l'objet et reviendraient vers lui... d'où certaines facilités pour le retrouver.
Attention : dans la pratique, les choses ne se déroulent pas aussi aisément, car il suffit d'un ou plusieurs détails oubliés, ou d'une défaillance de concentration du radiesthésiste, pour que l'opération n'aille pas à son terme.
Au siècle du tout électronique et de l'ordinateur, nous trouvons l'appellation de témoins « virtuels » parfaitement adaptée !

Les témoins imprégnés

Ce sont des objets possédant un point commun entre eux : ils ont subi des contacts prolongés et répétés avec les propriétaires auxquels ils ont appartenu. On dit alors qu'ils ont été imprégnés. Ce sont souvent des objets à caractère tout à fait personnel : bagues, portefeuille, casquettes, foulards, briquets...
Cette approche intellectuelle n'est pas sans rappeler celle touchant aux lieux, aux maisons, où les anciens propriétaires semblent avoir, par leur présence, laissé leur trace imprégnée dans les murs, témoins de leurs joies et de leurs peines... Comme si l'on sentait leur présence, encore aujourd'hui. Qui n'a pas esquissé un recul, ou un refus, de porter un bijou ou un vêtement

ayant été porté, pendant de longues années, par une personne décédée ? Ce phénomène de « présence » ou d'imprégnation existe bel et bien et les radiesthésistes s'en servent fréquemment au cours de leurs recherches.

En conclusion, ces quatre groupes de témoins permettent au radiesthésiste de bénéficier d'un puissant effet d'autosuggestion, ce qui confirme, une fois de plus, l'aspect mental de la radiesthésie.

Ce qu'il faut retenir

À chaque occasion de recherche, n'hésitez pas à utiliser les témoins sous une de leurs quatre caractéristiques.

Le témoin photo est le plus utilisé et le plus pratique.

Le témoin virtuel est le plus utilisé lorsqu'on n'a pas de photo.

Associez toujours un témoin à une orientation et à une convention mentale appropriées.

Témoignage

L'importance d'un dessin d'enfant

Courant 1987, alors que je réside en Martinique, mon ami René Soulard, radiesthésiste, m'appelle pour me dire qu'une de ses relations, habitant en Charente-Maritime, rencontre un problème grave : étant en instance de divorce, son épouse s'est enfuie avec leur fils Lionel, cinq ans. Il craint le pire, compte tenu du contexte familial agité.

René est décidé à faire la recherche au pendule et me demande si je veux bien y participer. Ma réponse est évidemment oui et sans réserves.

Quelques jours plus tard, je reçois un courrier contenant les nom et prénom de l'enfant, le lieu de sa disparition, mais hélas pas de photo. L'absence de ce dernier élément me gêne considérablement car comment chercher quelqu'un que l'on n'a jamais vu ? La photo d'un disparu est l'élément de base de toute recherche : sans cela, le radiesthésiste est bien souvent aveugle.

J'appelle René pour lui demander s'il n'a pas un autre élément « imprégné » par le garçon. Le seul élément disponible est un dessin fait, au stylo-feutre, par l'enfant et resté épinglé au mur de sa chambre. N'ayant pas d'autres indices, j'accepte volontiers en espérant que cet objet-témoin pourra m'aider. Le dessin représente un voilier et des nuages, le tout sur fond vert.

D'un commun accord, nous définissons notre protocole de travail : « Le petit Lionel R. est-il vivant ou décédé ? Se trouve-t-il toujours dans la région ? Est-il encore sur le territoire français ? Est-il avec sa maman ? Est-il à l'étranger ? »

Face à cette situation où je ne dispose pas de photo, il me faut adapter une convention mentale spécifique à ce type de recherche tout à fait nouvelle pour moi, qui sera ▶

celle-ci : « Je désire être sensible à la présence du petit Lionel R, auteur du dessin placé sous mon pendule. » N'ayant pas trouvé d'autre formulation, nous retenons celle-ci qui répond assez bien au problème. Et, chacun de notre côté, nous commençons la recherche selon le protocole établi.
Pour ma part, je trouve que l'enfant est en bonne santé. Qu'il n'est plus en Charente-Maritime. Qu'il est à New York, dans le quartier de Long Island.
Puis, épuisé par tant de questions posées et de tension nerveuse accumulée, je décide de m'arrêter, d'autant plus que je n'ai pas de plan précis de New York.
J'estime qu'avec ces renseignements donnés au père du petit Lionel, celui-ci pourra entamer de sérieuses recherches auprès des autorités américaines. Je rédige un rapport très détaillé à mon ami René et lui envoie immédiatement par courrier rapide, vers la métropole.
Je dois dire qu'en me couchant, j'ai eu les plus grandes difficultés à m'endormir, ma recherche repassant en boucle dans ma tête.
Un matin, le facteur glisse une lettre de René dans ma boîte : les mains moites et tremblantes, je déchire maladroitement l'enveloppe. Je n'en crois pas mes yeux : « Je situe le petit Lionel aux U.S.A. dans le secteur de New York, plus précisément dans le quartier de Long Island où il serait en bonne santé. Tout me laisse à penser que sa mère est avec lui. » Suivent un plan agrafé, des annotations, des précisions que je n'ai pas pu donner comme, par exemple, le côté de la rue où se trouveraient l'enfant et sa mère.
J'appelle alors René et lui demande s'il a reçu ma recherche. Sa réponse me stupéfait, simple et directe comme d'habitude : « Vous avez vu, c'est marrant : on a trouvé la même chose ! J'informe le père du petit et je vous tiens au courant. »
Cette réponse est la marque sans fards ni artifices de ▶

mon ami. Puis, nous évoquons le long cheminement qui a été le nôtre, la complexité de la recherche avec peu d'éléments au départ. Quelle est donc cette force mystérieuse qui a guidé nos pendules sur New York ? Dans cette rue ? Malgré les 8 000 kilomètres qui nous séparaient, lui en France et moi en Martinique.
Le 6 juin, la réponse tant attendue du père du petit Lionel nous arrive enfin :
« Messieurs. Merci pour l'aide immense que vous m'avez apportée pour retrouver mon fils. Les renseignements, diligentés auprès des postes américaines, nous ont confirmé qu'un des frères de mon épouse habitait depuis peu à New York, à l'endroit que vous m'avez indiqué. Qui plus est, une lettre envoyée par mon avocat, à l'adresse où vous avez situé mon épouse, m'est revenue signée par une de ses sœurs, ce qui confirme absolument vos résultats. De plus, je sais par l'intermédiaire du Consulat de France que cette adresse a été donnée par ma femme lorsqu'elle a fait renouveler son passeport. Merci encore et croyez en mes plus sincères salutations. »
Je dois dire qu'après avoir lu cette lettre, je suis resté sans réactions, comme un boxeur KO debout. Depuis, ce monsieur a retrouvé son fils et sa situation familiale s'est arrangée. Quant à René et moi, nous avons ressenti à la fois joie et fierté en pensant à ce père heureux de revivre des moments de bonheur qu'il croyait perdus à jamais.
Voici ce que peuvent réussir des radiesthésistes appliqués, passionnés et surtout totalement désintéressés.
À chaque fois que j'évoque cette histoire, j'éprouve toujours une sorte de frisson. C'est, peut-être, le signe d'une intense et profonde satisfaction.

CHAPITRE 9

Retrouvez dessins et objets dissimulés à votre vue

Ces exercices, associés à des conventions mentales, ont pour but d'acquérir les automatismes indispensables et d'entraîner votre mémoire visuelle.

Exercice 1 : retrouvez un petit dessin dissimulé à votre vue

Principe de la recherche
Cet exercice est extrêmement simple, puisqu'il consiste à retrouver un petit dessin dissimulé dans l'une des quatre enveloppes posées sur une table.

Matériel nécessaire
Quatre enveloppes vides et vierges de toute inscription.
Huit dessins : deux jeux identiques.
Dessinez sur huit petits morceaux de papier, quatre dessins en double, et très différents les uns des autres, de façon à sensibiliser votre esprit d'observation. Par exemple, sur le premier, représentez un cercle, sur le

second une croix, sur le troisième une flèche et sur le dernier, un point d'interrogation.

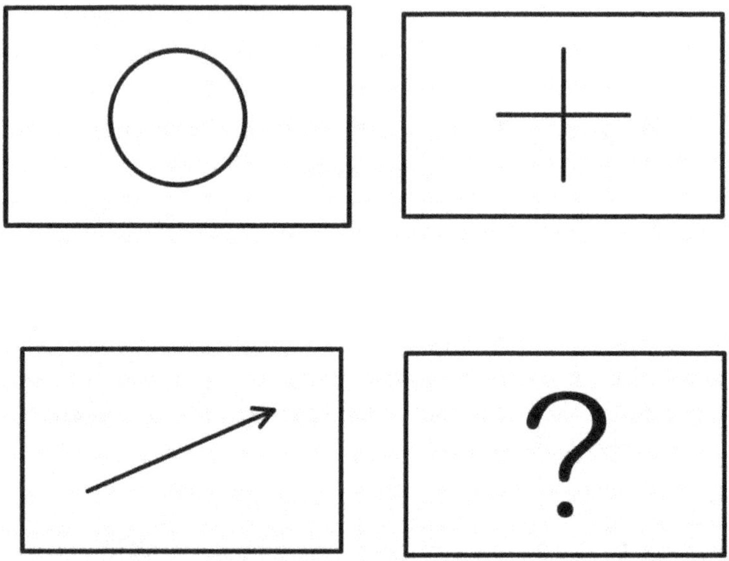

Comment retrouver un dessin dissimulé à votre vue

Préparation de l'exercice avec le concours d'un tiers
De façon à réaliser ce premier test dans de bonnes conditions, demandez à une tierce personne de placer, à votre insu bien entendu, dans une des quatre enveloppes, un des dessins posés devant vous. Vous devez rester totalement étranger à cette préparation, pour vous permettre de travailler en toute indépendance et éviter d'obtenir des indications.
Dans le cas présent, le dessin mis dans une des enveloppes sera celui représentant le cercle.

Préparation du matériel de dissimulation du dessin

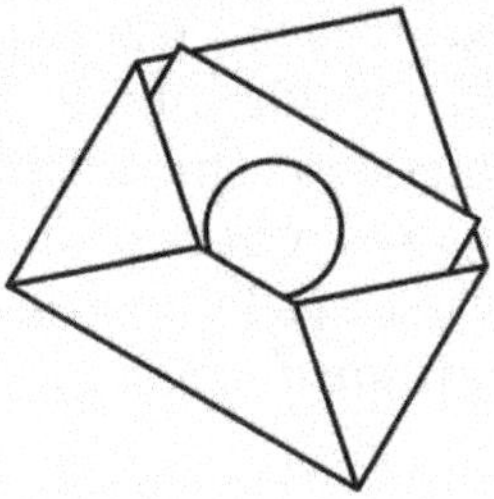

Mise sous enveloppes vierges, par une tierce personne,
des 4 dessins différents

Enveloppes fermées, disposées en ligne et contenant chacune un dessin

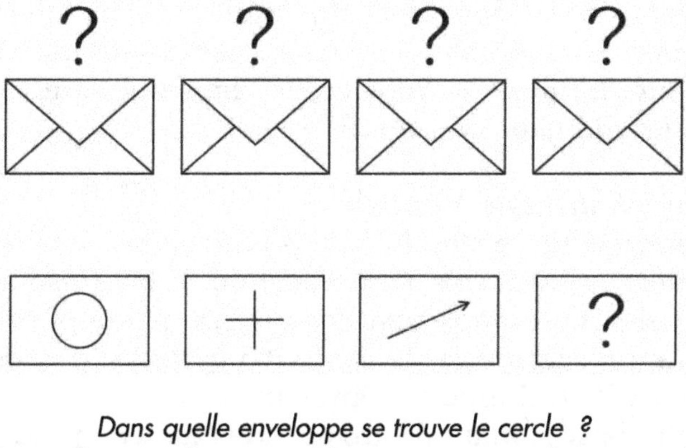

Dans quelle enveloppe se trouve le cercle ?
Enveloppes fermées, disposées en ligne et contenant chacune un dessin.
Dessins-témoins placés en dessous des enveloppes.

Posture et attitude à adopter
Installez-vous à une table dégagée de tout objet (sauf de votre matériel de recherche). Asseyez-vous confortablement, jambes écartées, pieds bien à plat. Avant chaque exercice, détendez-vous en respirant profondément deux ou trois fois, de façon à obtenir calme et plénitude. Saisissez votre pendule dans la position de doigts dite en « pincette », en évitant absolument de poser votre coude sur la table.

Début de l'exercice
Votre objectif est de déterminer dans laquelle des enveloppes se trouve le dessin représentant le cercle. Placez les quatre dessins originaux en face de vous : ils vont remplir le rôle de témoins visuels naturels. Souvenez-vous bien de la signification des mouvements de votre pendule, enregistrés dans votre subconscient. Tout ce que vous avez appris va, dès à présent, vous servir et être mis en application.

Orientation mentale à utiliser
Synthétisez votre demande sous la forme suivante : « Je désire trouver dans quelle enveloppe figure le dessin représentant le cercle ». En même temps que vous formulez cette demande, pensez fortement au dessin dissimulé. Essayez de vous créer l'image mentale de ce que vous cherchez : le cercle.

Convention mentale à utiliser
Commencez la recherche en posant votre convention mentale : « Je désire être sensible à la présence du cercle dissimulé dans une des quatre enveloppes. Mon pendule tournera dans le sens OUI quand il passera au-dessus de l'enveloppe le contenant ».
Pendule dans la main droite et index gauche posé sur le témoin « cercle », ne pensez à rien, faites le vide absolu dans votre esprit. Lancez volontairement le pendule au-

dessus de la première enveloppe et fixez intensément le témoin « cercle » posé devant vous.
Attendez la réponse qui va se manifester par un changement de mouvement du pendule. Il va quitter son balancement pour entrer en rotations OUI ou NON. Et s'il entre en rotations OUI dans le sens des aiguilles d'une montre, au-dessus d'une enveloppe, il y a de fortes chances pour que le cercle soit bien dans celle-ci. Alors vérifiez, ouvrez l'enveloppe et vous serez surpris du résultat.
Associez toujours l'image de référence du témoin à celle que vous recherchez et qui est dissimulée dans une enveloppe.

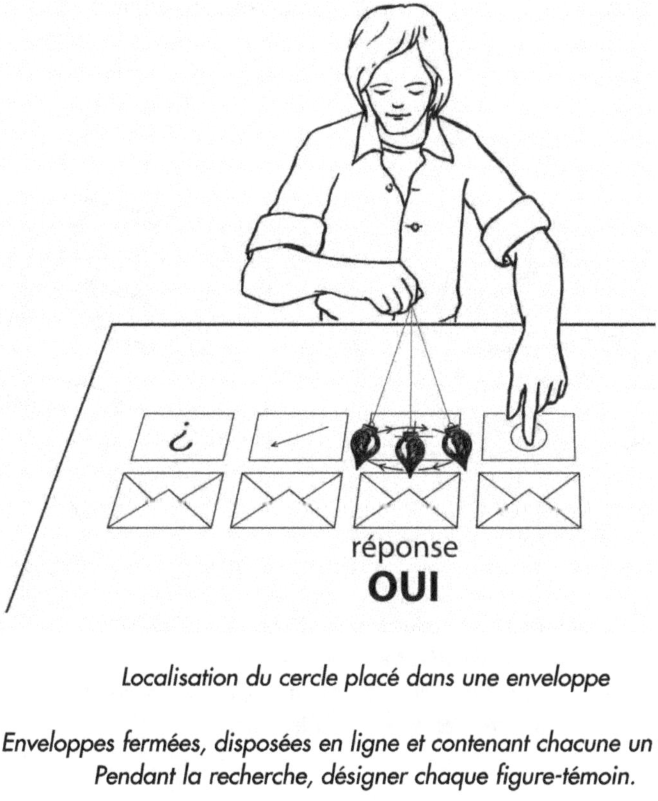

Localisation du cercle placé dans une enveloppe

Enveloppes fermées, disposées en ligne et contenant chacune un dessin. Pendant la recherche, désigner chaque figure-témoin.

Ne vous contentez pas de faire une seule fois cet exercice : refaites-le cinq à six fois et notez bien la fréquence de vos résultats.

Exercice 2 : retrouvez deux dessins différents dissimulés dans deux des quatre enveloppes

Dans cet exercice, nous allons corser un peu la difficulté en essayant de trouver non pas un, mais deux dessins différents.
Comme dans l'exercice précédent, faites glisser par une autre personne, dans deux enveloppes, les deux dessins représentant la flèche et le point d'interrogation.

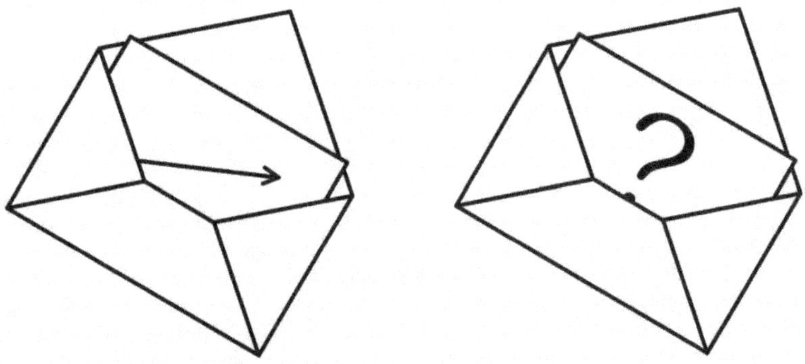

Préparation de la détection de 2 dessins différents, dissimulés dans 4 enveloppes.
Objectif : identifier dans quelles enveloppes se trouvent le cercle et le point d'interrogation.

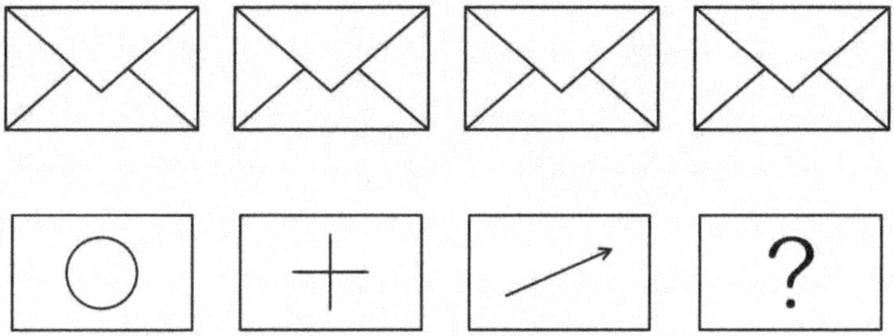

Dessins mis sous enveloppes par un tiers.
Enveloppes fermées, disposées en ligne et contenant chacune un dessin.
Dessins-témoins placés en dessous des enveloppes.

Voilà donc, disposées devant vous, quatre enveloppes fermées : deux contiennent les deux dessins dissimulés qu'il faut retrouver avec votre pendule.
Utilisez rigoureusement la même procédure que pour l'exercice précédent, mais en l'adaptant à chaque dessin.

Orientation mentale à utiliser
Celle-ci est légèrement différente puisqu'elle doit mentionner deux recherches distinctes : « Je désire trouver dans quelle enveloppe sont les dessins représentant la flèche et le point d'interrogation ». Dans le cas présent, votre esprit doit comprendre qu'il y a deux dessins différents à identifier.

Convention mentale à utiliser
Détendez-vous, respirez longuement, commencez par la recherche de la flèche, fixez bien votre témoin « flèche » placé sous votre index gauche.
Prononcez votre convention mentale : « Je désire être sensible à la présence du dessin représentant la flèche, dissimulé dans une de ces quatre enveloppes. Mon pendule tournera dans le sens OUI, quand il passera au-dessus de l'enveloppe le contenant ».

Dans quelles enveloppes se trouvent le cercle et le point d'interrogation ?

Enveloppes fermées, disposées en ligne et contenant chacune un dessin. Dessins-témoins placés en dessous des enveloppes.

Comme dans l'exercice précédent, si votre pendule tourne au-dessus d'une des quatre enveloppes, il y a fort à parier que le dessin correspondant soit là.
Reposez alors la question directement : « Le dessin de la flèche est-il dans cette enveloppe ? »
Votre pendule va reprendre ses rotations OUI avec vigueur, vous confirmant ainsi la présence du dessin.
Cette recherche terminée, retirez l'enveloppe détectée et enchaînez avec la recherche du point d'interrogation.
Notez bien les scores obtenus : vous serez étonné des résultats car, au début, ils seront très souvent excellents.
Et par la suite, en prenant de l'assurance et de la rapidité, vous aurez tendance à agir parfois avec plus de légèreté et moins de rigueur !

Exercice 3 : retrouvez une clé cachée sous un des quatre gobelets à l'aide de la convention mentale traditionnelle binaire OUI/NON

Rappelez-vous que le principe de recherche est le même, quel que soit l'objet à rechercher. Il utilise les mêmes démarches de fond, il n'y a que les conventions mentales qui changent et s'adaptent.
Placez devant vous quatre gobelets en plastique blanc, non transparents et exempts de tout marquage.
Choisissez deux petites clés de cadenas rigoureusement identiques, l'une représentant l'original et la seconde appelée à servir de témoin. Demandez à une tierce personne de dissimuler une des deux clés sous l'un des gobelets, à votre insu bien sûr, car vous devez être totalement étranger à cette mise en place. Sans cela, ce test n'aurait aucun sens.

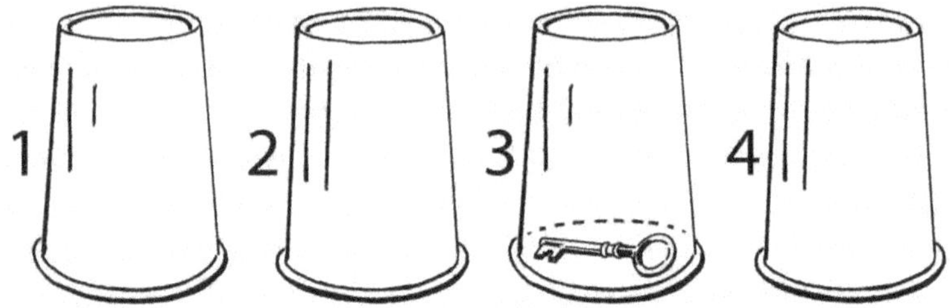

Comment trouver une clé cachée sous l'un des 4 gobelets

Installez-vous à votre table de travail, détendez-vous, respirez calmement, concentrez-vous sur la clé témoin posée devant vous. Observez bien sa matière, sa forme, sa découpe, sa marque et son numéro de série s'il y en a un.

Dans l'exemple qui nous concerne, la clé a été cachée sous le gobelet n° 3, mais vous l'ignorez.

Orientation mentale de départ : « Je désire savoir sous quel gobelet se trouve la clé ».

Convention mentale : vous enchaînez très vite sur la convention mentale qui est la suivante, divisée en deux parties : « Je désire être sensible à la présence de la clé dissimulée sous un de ces quatre gobelets et mon pendule tournera dans le sens OUI lorsqu'il sera au-dessus ».

Commencez l'examen du gobelet n° 1, en lançant vigoureusement votre pendule en balancements. Cessez de penser et de réfléchir : bloquez le cours de vos pensées et attendez la réponse. Le pendule arrête de se balancer et entre en rotations antihoraires, ce qui veut dire NON : la clé n'est pas sous ce gobelet.

Refaites cette démarche au-dessus du gobelet n° 2 puis du n° 3. Observez bien les mouvements du pendule, surtout lorsqu'il quitte ses balancements pour entrer en

rotations. Celles-ci doivent être franches, bien rondes et régulières, de façon à affirmer la réponse. Dans le cas présent, il génère des rotations horaires (de la droite vers la gauche) au-dessus du n° 3, ce qui correspond à la réponse OUI.
Avant de vérifier votre réponse, laissez encore tourner le pendule et posez cette question supplémentaire : « La clé est-elle vraiment sous ce gobelet ? »

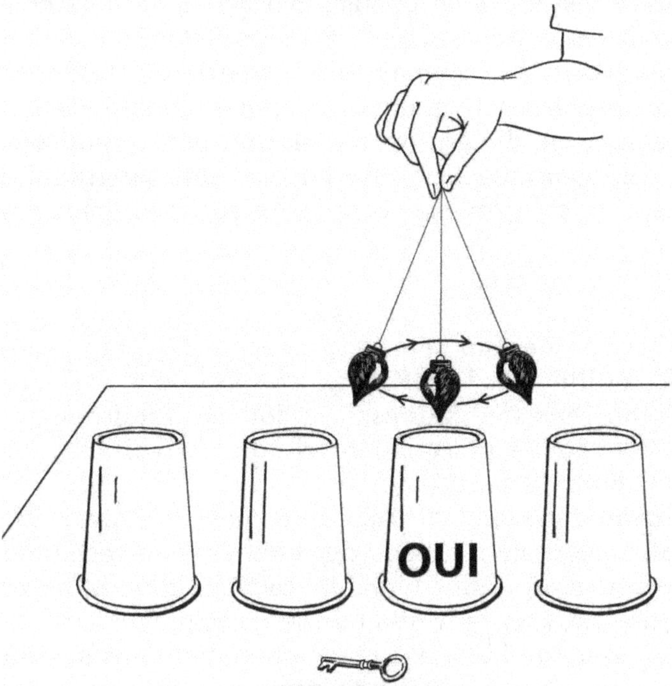

Clé témoin

Si votre pendule persiste à tourner dans le sens des aiguilles d'une montre, soulevez le gobelet et vérifiez le bien-fondé de sa réponse : la clé doit se trouver sous le gobelet désigné par le pendule.

Témoignage

La recherche de clés de voiture égarées

Un jour, alors que je m'apprête à partir en voiture pour aller faire une recherche de source dans le Var, mes clés de contact à la main, je me rends dans mon garage afin de choisir des cartes géologiques appropriées, rangées dans le coffre.

Au même instant, mon épouse m'appelle et me signale qu'une société de forages, avec laquelle je collabore régulièrement, me demande d'urgence au téléphone pour un problème technique. Je quitte immédiatement le garage et me dirige vers ma maison pour prendre cet appel téléphonique qui dure environ une vingtaine de minutes. Puis je reviens vers le garage pour partir en voiture.

Impossible, tout à coup, de retrouver mes clés de contact. Je cherche à terre, monte dans la voiture vérifier si je ne les ai pas posées sur le siège, inspecte les étagères du garage, fouille dans le coffre : après plus de dix minutes, mes recherches sont vaines… Je dois me rendre à cette évidence : je ne peux me servir de ma voiture, alors qu'un client m'attend.

Je décide d'essayer de localiser mes clés avec mon pendule, selon ma méthode des éléments de recherches écrits dans cinq bulles (cercles tracés à la main autour de petites phrases) sur une feuille de papier.

Dans la première bulle, j'écris : « Sont-elles dans la villa ? OUI/NON ». Dans la seconde bulle : « Sont-elles dans mon bureau ? OUI/NON ». Dans la troisième : « Sont-elles dans le jardin ? OUI/NON ». Dans la quatrième : « Sont-elles dans le garage ? OUI/NON » et dans la cinquième : « Sont-elles dans la voiture ? OUI/NON ».

Je pose ensuite ma convention mentale générale : « Je désire être sensible à la présence de mes clés de contact ▶

de voiture », je lance mon pendule au-dessus de chaque définition écrite dans une bulle et j'attends la réponse. Dans la villa ? Réponse NON. Dans mon bureau ? Réponse NON. Dans le jardin ? Le pendule tourne dans le sens OUI. Dans le garage ? Réponse OUI. Dans la voiture ? Réponse NON.
Fort de ces deux réponses obtenues, je me pose tout de même cette question : « Pourquoi le pendule m'a-t-il répondu OUI en désignant deux endroits différents : le jardin et la voiture ? ».
Je me dirige vers le jardin où se trouve le garage, regarde de nouveau à terre dans le jardin, sur le sol, dans les plantes, sous la voiture : rien.
Alors que j'allais repartir, dépité, mon regard croise la brouette métallique de jardin appuyée contre le mur du garage, à un mètre de ma voiture : j'aperçois les clés posées sur le rebord de la brouette !
Que s'est-il donc passé ? En décomposant en détail les différentes étapes, je comprends de suite que, brutalement interrompu dans mes préparatifs de départ, j'ai machinalement posé mes clés sur la brouette pour aller répondre au téléphone. C'est donc cette diversion qui a été la cause de ce geste automatique et machinal : poser mes clés à l'endroit le plus proche de moi.
Mais pourquoi mon pendule m'a-t-il donné deux réponses OUI pour deux endroits différents ? On s'aperçoit, en y réfléchissant de plus près, que la réponse est logique : mes clés étaient bien dans le jardin, posées sur la brouette, elle-même adossée contre le mur du garage ! Les deux endroits différents étaient, en réalité, réunis : la brouette placée dans le jardin, mais appuyée contre le mur du garage. Comme le subconscient a horreur de l'imprécision, la réponse du pendule correspond à une situation logique.
J'avoue qu'après plus de vingt ans de pratique radiesthésique, j'ai rarement obtenu une réponse aussi surpre- ▶

nante et aussi précise. Cette simple, mais magnifique, recherche est le résultat du travail du subconscient associé à une recherche bien préparée, bien structurée. Voilà un exemple d'application de la radiesthésie dans la vie de tous les jours.

Chapitre 10

La convention directionnelle : une façon plus rapide d'obtenir des résultats

Une autre variante des mouvements du pendule permet de trouver les objets plus rapidement et plus directement, grâce à des balancements du pendule de 0 à 180° qui élargissent votre champ d'investigations.

Comment obtenir ces nouveaux mouvements du pendule ?
Voici une autre façon de rechercher les choses plus rapidement, grâce à une convention mentale particulière. Avec la pratique, elle fera bientôt partie intégrante de vos automatismes et de vos armes favorites.
Cette convention vous incite à suivre les multiples directions indiquées par votre pendule. Dans cette méthode, on oublie la rotation traditionnelle du OUI et du NON. Cette convention mentale directionnelle porte bien son nom, car elle a pour particularité de faire se balancer votre pendule dans la direction où se trouve l'objet caché, localisant très rapidement l'endroit où il se trouve.
Cette méthode est très couramment utilisée par les sourciers, sur le terrain, pour orienter leurs recherches et se diriger vers l'endroit où circule l'eau souterraine. Cette

manière de faire est également très utilisée dans la recherche, sur cartes, de personnes disparues ou d'objets égarés. Votre pendule vous étonnera par ses résultats rapides et déconcertants de simplicité, ce qui vous évitera fatigue et contractions musculaires.

Les différents mouvements du pendule en convention directionnelle

En utilisant cette méthode, votre pendule peut prendre plusieurs types de directions de base. Il peut balancer :

- en oblique,
- à la verticale,
- de gauche à droite, dans un arc de cercle de 180°.

La convention directionnelle : une autre façon de trouver plus rapidement un objet caché ou perdu.

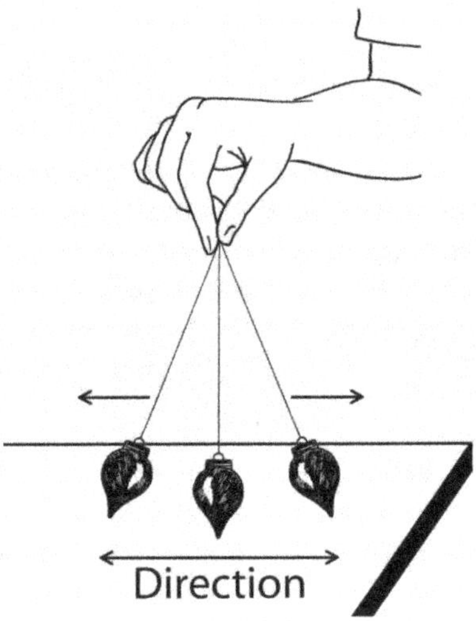

Des directions différentes, données par des balancements longitudinaux

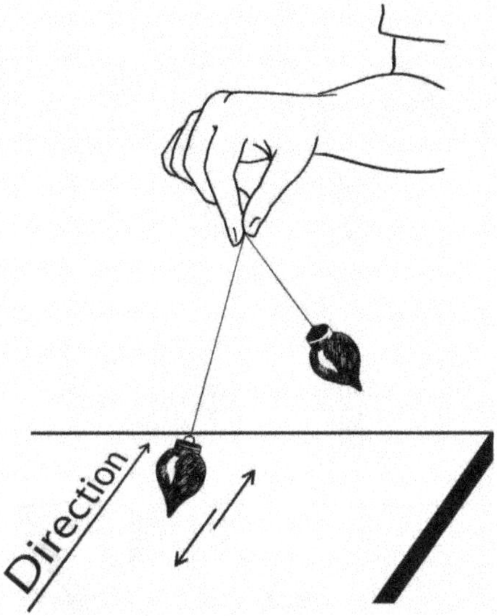

Des directions différentes, données par des balancements longitudinaux

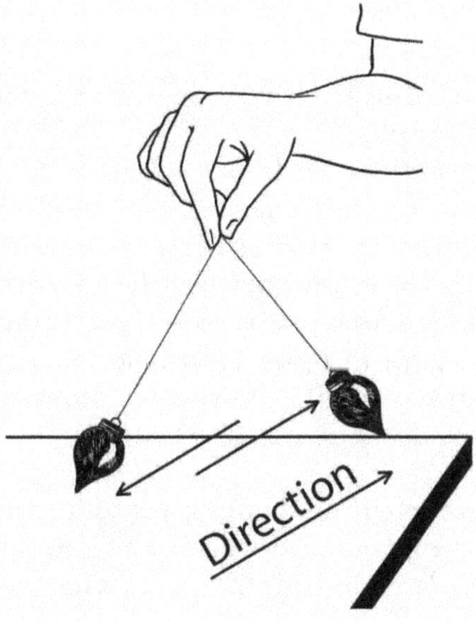

Des directions différentes, données par des balancements longitudinaux

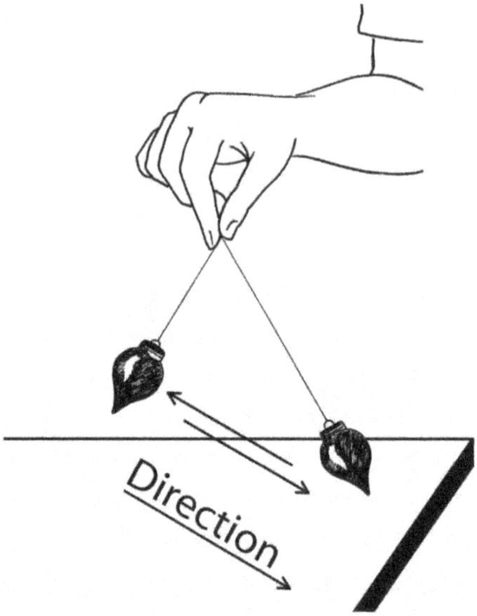

Des directions différentes, données par des balancements longitudinaux

Exercice 4 : apprendre les différents mouvements directionnels du pendule

Pour vous permettre de bien assimiler ce nouvel exercice, décomposons clairement les différentes étapes. Prenez une feuille de papier blanc et dessinez une ligne droite horizontale, d'où part une ligne verticale placée en son centre. Tracez ensuite une ligne intermédiaire de chaque côté, entre la ligne verticale et la ligne horizontale. Votre dessin doit, pour être opérationnel, faire 20 centimètres de haut sur 15 de large.

Phase d'entraînement 1 : obtenir des battements verticaux

Pendule en main, placez-le dans l'axe de la ligne verticale et lancez-le volontairement et vigoureusement en balancements haut/bas en voulant qu'il suive cette ligne. C'est le mouvement le plus facile à effectuer, parce que le plus naturel.

Phase d'entraînement 2 : obtenir des battements inclinés
Placez le pendule au-dessus du dessin, sur la partie droite et au-dessus de la ligne inclinée. Lancez-le vigoureusement et désirez volontairement qu'il « batte » en diagonale sur cette ligne, de façon répétée.
N'ayez pas peur d'insister : assurez-vous que ses balancements sont à la fois réguliers et nets. Procédez de la même façon sur la ligne diagonale gauche.

Phase d'entraînement 3 : obtenir des battements horizontaux
Nous allons maintenant obliger le pendule à « battre » en balancements, dans le sens droite/gauche en le plaçant au centre de la ligne horizontale. C'est, de loin, le mouvement le plus délicat à reproduire, car c'est un mouvement contrarié pour le radiesthésiste. En effet, il n'est pas aisé de faire balancer le pendule dans ce sens car ce n'est pas un mouvement habituel. Cependant, il est indispensable d'y parvenir, car il fait partie des battements de base utilisés en radiesthésie.
Placez le pendule au centre de la ligne horizontale et lancez-le volontairement de la droite vers la gauche. Entretenez vigoureusement ces balancements : si le pendule ralentit, relancez-le.
Après cinq à six exercices, vous maîtriserez parfaitement ce mouvement.

Exercices de détection d'objets visibles
Nous allons travailler en situation réelle de détection d'objets, disposés devant vous et volontairement non dissimulés à votre vue.

Mise en place d'objets témoins
Disposez trois petits objets très différents devant vous (boîte d'allumettes, stylo, paire de ciseaux...) et espacez-les de 15 centimètres.
Ces objets possèdent une forme particulière permettant de les mémoriser facilement.

Apprendre à trouver la direction d'un objet : un exercice facile à pratiquer

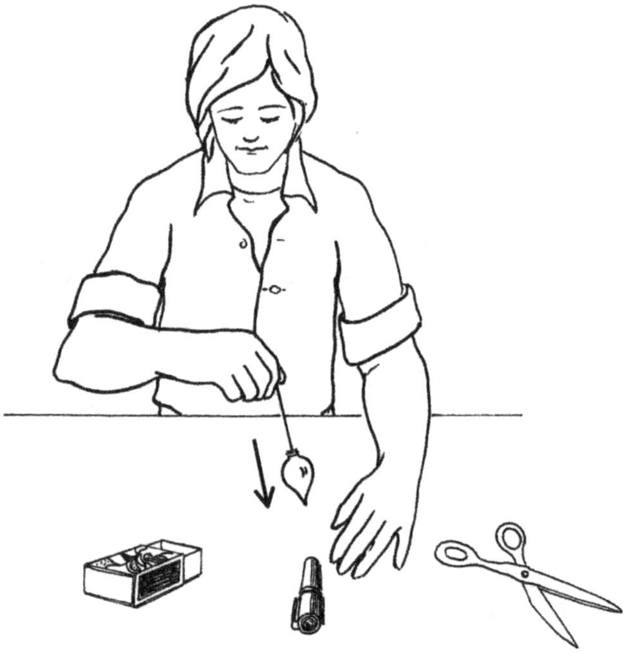

Le pendule se dirige directement vers l'objet recherché

Définition de votre convention mentale
La convention mentale à adopter est : « Je désire être sensible à la présence de tel objet et, pour cela, mon pendule se dirigera dans sa direction ».

Départ de l'exercice

Décidez volontairement que votre pendule se dirige, par exemple, vers le stylo en position 2. Vous allez vous soumettre à votre propre autosuggestion, celle qui va ordonner à votre pendule de se balancer immédiatement en direction de l'objet souhaité.

Le pendule est placé au centre de l'arc de cercle formé par les objets. Lancez-le volontairement et énoncez mentalement votre convention mentale : « Je désire que mon pendule se dirige en balancements vers le stylo et ne désigne que lui ».

Très rapidement, vous allez voir votre pendule quitter son oscillation de départ, pour balancer vigoureusement et très nettement vers le stylo... vers lui seul et vers aucun autre objet !

C'est probablement l'exercice le plus simple et le plus facile à pratiquer en radiesthésie et, s'il vous convient, adoptez-le à chaque occasion de recherche. Il a pour vertu de vous mettre rapidement en confiance.

Refaites cet exercice une bonne dizaine de fois avec plusieurs objets différents, de façon à être sûr d'acquérir des automatismes rapides.

Exercice 5 : retrouver, par la convention mentale directionnelle, une pièce de 1 euro sous l'un des quatre gobelets

Préparation à l'exercice avec le concours d'un tiers

L'objectif est de retrouver un objet caché à votre vue, à l'aide de la convention directionnelle.

Reprenons nos fameux gobelets en plastique, car ils ont cette faculté d'aiguiser votre curiosité, par leur forme.

Cette fois-ci, pour varier l'exercice, nous allons faire dissimuler par une tierce personne, non pas une clé, mais une pièce de 1 euro sous l'un des quatre gobelets.

Comme pour l'exercice précédent, prévoyez une seconde pièce identique à la première, appelée à jouer le rôle de « témoin ».
Les quatre gobelets sont disposés en ligne devant vous et espacés chacun de dix centimètres. Cet espace doit être respecté car, au début, votre pendule devra très nettement se diriger vers le gobelet concerné et ne pas risquer de se diriger entre deux récipients. Sur votre table de travail, l'espace total compris entre le premier et le dernier gobelet ne devra pas être inférieur à 40 centimètres.

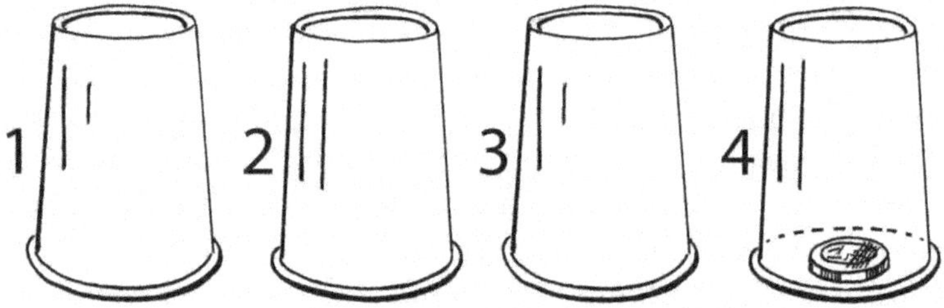

Comment trouver une pièce de 1 euro dissimulée par un tiers sous l'un des quatre gobelets

Posture et attitude à adopter
Les quatre gobelets étant disposés devant vous, placez votre pendule parfaitement dans l'axe médian, soit entre les gobelets 2 et 3, à environ 8 à 10 centimètres. Tenez bien votre pendule entre le pouce et l'index « en pincette », et gardez le bras bien souple.

Début de l'exercice
Dans la main gauche, prenez votre pièce de 1 euro servant de témoin, regardez-la bien en détails, le métal bicolore,

Recherche en oscillations directionnelles à partir de la pièce-témoin

ses inscriptions, fermez les yeux et visionnez-la mentalement, imaginez-la disposée sous l'un des gobelets.

Orientation mentale à utiliser
Celle-ci est simple, facile à mémoriser : « Je désire savoir sous quel gobelet se trouve la pièce de 1 euro ».

Convention mentale directionnelle à utiliser
Celle-ci peut être utilisée en deux temps bien séparés : en premier, celle qui indiquera la direction du gobelet sous lequel se trouve la dite pièce, et ensuite celle qui confirmera sa présence par la rituelle question de contrôle du OUI ou du NON.

La phrase à prononcer sera : « Je désire être sensible à la présence de la pièce de 1 euro sous un des gobelets et mon pendule se dirigera en balancements vers le gobelet où elle se trouve ».
Lancez vigoureusement votre pendule en rotations, faites le vide mental absolu et attendez la réponse qui va se traduire par un changement brutal de direction. Votre pendule va rapidement confirmer son choix et se balancer très nettement en direction d'un gobelet.
S'il s'agit, par exemple, du gobelet n° 4, laissez-le bien affirmer ses balancements et enchaînez aussitôt votre recherche par une confirmation de la présence de la pièce sous ce gobelet. Placez-le bien au-dessus du gobelet et posez la question : « La pièce de 1 euro est-elle bien sous ce gobelet ? »
Si le pendule tourne dans le sens horaire en effectuant des rotations bien rondes, ce qui signifie OUI, soulevez le gobelet afin de vérifier le résultat de votre recherche.
Des exercices comme celui-ci demandent à être effectués par séries de 4 à 6 et avec des objets différents, de façon à acquérir une maîtrise provoquant des automatismes rapides.

Conseils à suivre

• Obtenez des résultats rapides

Dans ce genre d'exercice, la réponse doit intervenir rapidement, en général en quelques secondes, et il est recommandé de ne pas faire durer trop longtemps son effort de concentration. La fatigue répétée engendre automatiquement des échecs.

• Le moment important : l'attente du résultat

C'est le laps de temps qui se situe entre le moment où la convention mentale est posée, les réactions de votre pendule et le résultat escompté. D'où l'importance capitale de savoir faire le vide mental absolu… et faire le vide dans son cerveau n'est pas toujours chose aisée.

• Sachez comprendre et analyser vos erreurs
Une erreur de détection relève souvent de trois causes : un défaut de concentration, un vide mental non contrôlé ou une convention mentale mal formulée...
Et n'oubliez jamais qu'en radiesthésie, ce sont les erreurs qui nous font progresser !

Exercice 6 : retrouver une carte à jouer parmi un groupe de quatre cartes, à l'aide de la convention directionnelle

Préparation à l'exercice avec le concours d'un tiers
Il va vous falloir détecter une carte à jouer, celle représentant l'as de carreau, parmi quatre cartes retournées et disposées en éventail, sur la table devant vous.
Une tierce personne va disposer ces quatre cartes hors de votre présence, face retournée sur la table et, parmi celles-ci, l'as de carreau à retrouver.

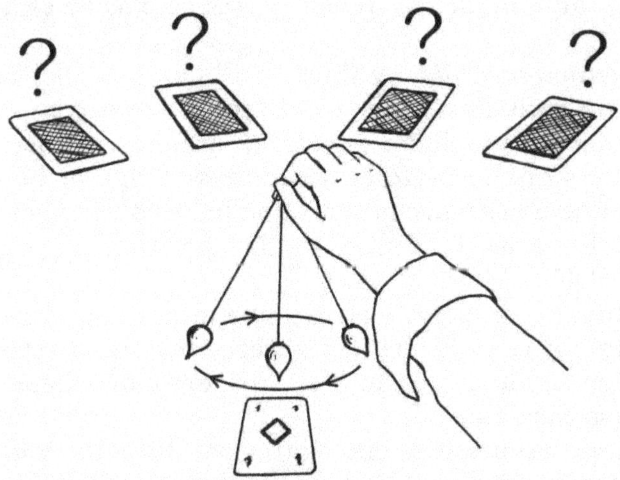

Retrouver une carte, grâce à la convention directionnelle, parmi quatre cartes retournées par un tiers

L'utilisation de cartes à jouer offre l'avantage d'attirer l'attention et de faciliter la mémorisation, grâce à leurs couleurs et aux personnages qu'elles représentent.
Cet as de carreau devra être inséré au milieu d'autres cartes. Toutes ces cartes doivent être espacées de 8 à 10 centimètres.

Posture et attitude à adopter
Les quatre cartes étant disposées devant vous, placez votre pendule dans l'axe du jeu de cartes, c'est-à-dire en son milieu parfait, et concentrez-vous sur le double de l'as de carreau qui est devant vous, en guise de témoin.

Début de l'exercice
Saisissez la carte de l'as de carreau dans votre main gauche, observez-la bien en détails et gravez-la dans votre mémoire.

Orientation mentale à utiliser
Elle doit être posée sous la forme suivante : « Je désire savoir laquelle de ces quatre cartes est l'as de carreau ».

Convention mentale à utiliser
Comme dans l'exercice précédent, celle-ci sera utilisée en deux temps bien distincts. Le premier permettra de voir vers quelle carte le pendule se dirige et le second vérifiera la présence effective de la carte désignée par le pendule, sous la forme de la question de contrôle OUI/NON.
La phrase à prononcer sera la suivante : « Je désire être sensible à la présence de la carte représentant l'as de carreau, et mon pendule se dirigera en balancements dans sa direction ».
Lancez vigoureusement votre pendule en rotations, refaites le vide mental absolu et attendez la réponse qui va, comme dans l'exercice précédent, se traduire par un

brutal changement de direction. Rapidement, votre pendule va se balancer en direction de la carte supposée être l'as de carreau.
Placez ensuite votre pendule sur cette carte et posez la question de contrôle : « Cette carte placée sous mon pendule est-elle bien l'as de carreau ? »
Si l'exercice s'est déroulé dans de bonnes conditions, vous verrez alors votre pendule, par ses rotations horaires, vous confirmer la présence de l'as de carreau.

Comment trouver l'as de carreau

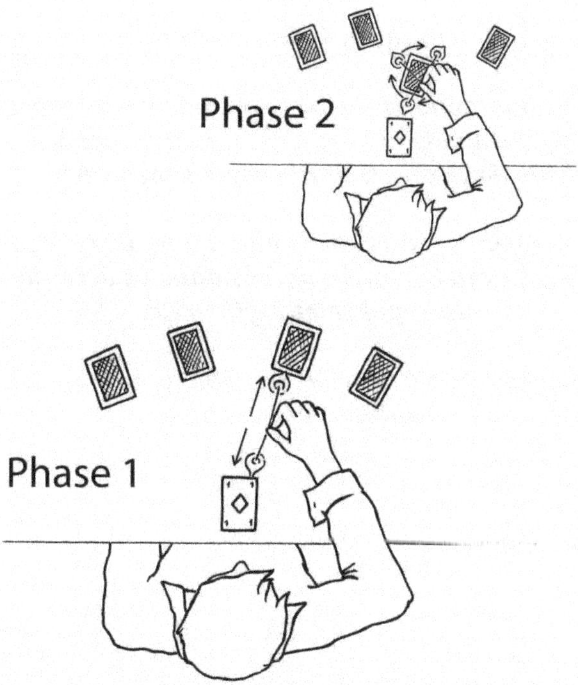

Phase 1 : chercher l'as de carreau
Phase 2 : confirmer la présence de l'as de carreau par un OUI de contrôle

Vous pouvez pratiquer ce genre d'exercices avec d'autres objets de votre choix. Cette méthode présente deux qualités essentielles : elle est extrêmement rapide dans son temps de réponse et rassurante par son côté pratique.

Ce qu'il faut retenir

Pratiquez souvent la recherche de petits objets dissimulés à votre vue : c'est une façon efficace et pratique d'entretenir votre sensibilité.

La convention directionnelle : une autre façon de pratiquer la radiesthésie dans la détente, la rapidité et l'efficacité.

Adoptez-la le plus souvent possible pour obtenir des résultats très rapides.

Témoignage

Mon échec dans la recherche d'un ramasseur de champignons

Cette histoire est celle d'un échec, même si je suis passé près de la vérité…
En septembre 1997, une gendarmerie de l'arrière-pays m'appelle pour me signaler la disparition d'un habitant d'un petit village, parti avec un ami ramasser des champignons en montagne. Monsieur G., âgé de soixante-huit ans, n'est pas réapparu depuis deux jours.
Les deux hommes se sont séparés en entrant dans une zone fort escarpée. Ne le voyant pas revenir, son ami donne l'alerte aux secours de haute montagne.
Ayant reçu par fax les éléments de recherche (cartes et photo), je commence mon travail à partir du point de séparation des deux hommes.
Mes premières réponses : malaise, chute dans le vide, noyade dans un torrent ou une rivière.
Les gendarmes me demandent de me rendre à leur PC de montagne, installé provisoirement dans une annexe de la mairie du village. C'est la première fois que j'accepte d'aller sur les lieux d'une recherche et j'avoue que toute cette agitation me gêne : téléphones qui sonnent, personnes qui entrent et sortent, ordres donnés à voix haute…
L'hélicoptère vient de se poser dans le champ d'à côté et attend des instructions. Je m'assieds à une table, entouré de plusieurs militaires qui m'observent, tandis que je recommence ma recherche. Il m'est très désagréable de me sentir observé et de ne pouvoir me concentrer.
J'essaie de déterminer le trajet effectué par le disparu lorsqu'un militaire de terrain me dit : « D'après vous, le corps serait dans l'eau ? Pour moi, c'est impossible, pardonnez-moi de vous contredire, car il n'y a pas de ▶

rivière, encore moins de puits dans ce secteur, ni mare, ni petit ruisseau à des kilomètres à la ronde. Je connais bien toute cette région et le torrent le plus proche est à plus de six kilomètres. Je ne vois pas monsieur G. marcher seul, sans repères, dans la nuit noire, en haute montagne, d'autant que ce monsieur a de sérieux problèmes cardiaques... Cherchez une autre position que nous allons vérifier très vite. »
Convaincu des explications de ce spécialiste des secours en haute montagne, je décide de refaire ma recherche depuis son point de départ. Peut-être a-t-il raison ? D'autant qu'il m'est déjà arrivé de me tromper sur des recherches de personnes : en effet, je n'ai pas la prétention d'affirmer que ma méthode est infaillible.
Je place mon pendule au-dessus du dernier endroit où l'on a vu ce monsieur vivant, regarde la photo du disparu, me concentre et travaille par pistage direct sur carte. Le pendule démarre ses balancements avec difficulté, tourne en rond, puis part sur la droite, s'arrête, repart, s'arrête à nouveau et tourne sur un endroit situé à 1 753 mètres d'altitude.
Mes nouvelles indications sont prises en compte et j'entends l'hélicoptère repartir.
Le lendemain matin, un responsable me dit avoir fouillé, avec ses hommes, le secteur que j'avais indiqué : vallons, buissons, ravins et rochers. Rien.
On apprendra la vérité dix jours plus tard : le corps du malheureux ramasseur de champignons venait d'être retrouvé, par hasard, par des promeneurs dans le torrent de la Tinée. Il était méconnaissable, suite à une chute dans le vide de plus de 250 m. Contre toute logique, il avait marché une partie de la nuit en se dirigeant vers les lumières d'un village situé sur la vallée d'en face et tentait probablement de le rejoindre. Entre ces lumières et lui, il y avait une importante falaise et un torrent. Cette erreur d'estimation lui a été fatale.

Cet échec m'a servi de leçon : pour d'autres recherches de personnes disparues, je ne suis plus jamais allé sur les lieux et je n'ai plus jamais tenu compte de ce que l'on me disait.
J'ai commis vraisemblablement la faute que l'on appelle, en radiesthésie, « l'effet d'autosuggestion ». Mon pendule m'a guidé vers un tout autre endroit que celui indiqué précédemment par mon subconscient. J'ai écouté les avis de tierces personnes, j'ai subi l'ambiance agitée, la pression, les dires des militaires. Résultat : tous ces éléments extérieurs ont dû avoir raison de mon habituelle sérénité.
Les erreurs, il faut non seulement les reconnaître mais aussi les assumer. Car ce sont elles qui nous font progresser.

CHAPITRE 11

L'utilisation de cadrans de mesures ou de planches

Les cadrans utilisés par les radiesthésistes servent, en général, à estimer, voire à mesurer, une information qui va orienter la recherche entreprise, la continuer ou la suspendre. Ces cadrans ne sont que des représentations simples des instruments conventionnels de mesures : balances, chronomètres, thermomètres, compteurs de distance…

Au cours de ses recherches, le radiesthésiste est fréquemment conduit à déterminer le poids d'une chose, le volume d'un bassin, le débit ou la profondeur d'une source, la distance à laquelle se trouve telle ou telle personne. Ces unités de mesures courantes interviennent dans ses recherches.

Les cadrans deviennent de véritables supports de concentration lorsqu'ils sont utilisés en tandem avec le pendule. Ils sont considérés comme indissociables du pendule et permettent d'obtenir la précision dans les recherches. On peut considérer qu'il y a autant de types de cadrans que de types de recherches d'où, bien souvent, la nécessité de les créer soi-même.

Considérez que ces cadrans vont vous permettre de quantifier vos recherches.

Formes et utilisations des différents cadrans

a) Les planches figuratives

Présentation

Il s'agit de tableaux représentant des figurines, des dessins ou des symboles accompagnés de leur nom. Cette autre forme de présentation facilite l'effet de concentration et la mémorisation de la chose recherchée. Ainsi, en radiesthésie médicale, les spécialistes utilisent souvent des planches ou des tableaux anatomiques représentant les différents systèmes (système nerveux, digestif...).

Sur chacun de ces cadrans sont représentés, sous forme de dessins, les organes vitaux : foie, estomac, colonne vertébrale...

Formes d'utilisation

Il suffit de désigner les organes, de l'index de la main gauche, et d'interroger le pendule sous la forme de OUI ou NON, pour savoir si la fonction est normale ou altérée.

On peut aussi demander au patient de désigner, au moyen de son index, chaque organe figurant sur le tableau, pendant que le radiesthésiste place son pendule au-dessus de la paume gauche ouverte de la personne et confirme par la question OUI/NON l'état de chaque organe.

Le nombre de ces tableaux est très important car il diffère avec la variété des recherches entreprises.

Il existe deux façons d'utiliser un tableau avec un pendule :

• en balancements directionnels sur un arc de cercle de 180°,

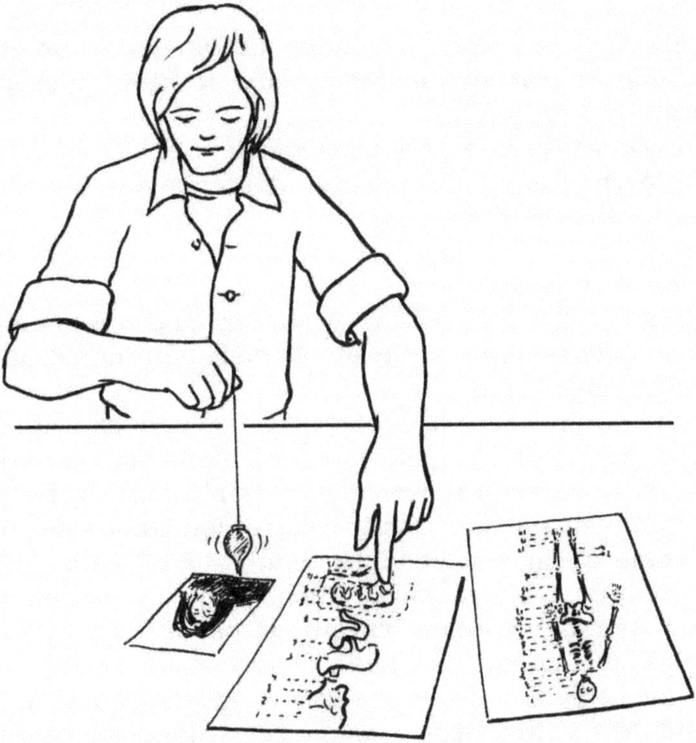

Utilisation de planches ou de tableaux : exemple d'exploration médicale

• à partir de réglettes horizontales que l'on parcourt avec le pendule. Dans cette façon de procéder, on « passe » le pendule de la gauche vers la droite, en attendant sa rotation à l'approche du chiffre recherché. Ou bien, deuxième façon de faire, l'opérateur désigne de son doigt chaque chiffre gradué, en attendant une réponse de son pendule.

b) Les cadrans de mesures en forme de réglettes

Présentation

Il y a quelques années encore, on utilisait des petites planches de mesures, ressemblant à un double déci-

mètre, sous la forme de réglettes de 20 à 25 centimètres de long et portant des indications en rapport avec la nature des recherches.
Ces réglettes plates, bien souvent imprimées en carton dur, permettaient de mesurer des éléments simples : poids, volumes, distances...

Forme d'utilisation
Il existait deux façons de pratiquer une mesure avec cette réglette. Prenons l'exemple de la détermination du débit d'une source :

- soit le radiesthésiste déplaçait, de sa main gauche, une petite pointe de fer ou de bois sur la ligne horizontale de 0 à 100. L'opérateur convenait tout simplement que lorsque la pointe passait sur le chiffre correspondant au débit de la veine d'eau, son pendule, tenu dans la main droite, tournait ou balançait sur le chiffre indiquant le débit.
- soit le radiesthésiste lançait son pendule en balancements sur le point zéro de la réglette et le déplaçait de la gauche vers la droite, de façon continue. Lorsque son pendule quittait brusquement ses balancements pour entrer en rotations au-dessus d'un chiffre, le radiesthésiste retenait ce chiffre comme étant la bonne réponse.

Ce système, s'il était méritoire, manquait de précision car un pendule ne peut pas transformer instantanément ses balancements en rotations... ou ne peut pas démarrer rapidement, en raison de l'inertie à vaincre. Il y a fatalement de gros écarts de mesures qui ont besoin d'être affinés.

La nouvelle génération de cadrans : les cadrans en demi-cercle

Avant toute chose, n'oubliez jamais qu'un cadran *propose* des mesures, alors qu'un pendule les *choisit* à l'aide de conventions mentales appropriées.

Présentation

Ces cadrans sont généralement constitués d'un demi-cercle de 180 degrés. À l'intérieur, on trouve des divisions ou des subdivisions correspondant à des chiffres ou des unités de mesures, qui sont toujours utilisés avec un pendule.

Ce type de cadran fait penser à un compteur de vitesse de voiture et votre pendule en devient l'aiguille qui vous indiquerait la vitesse à laquelle vous roulez.

Le cadran universel, cadran gradué pour mesurer et quantifier une recherche

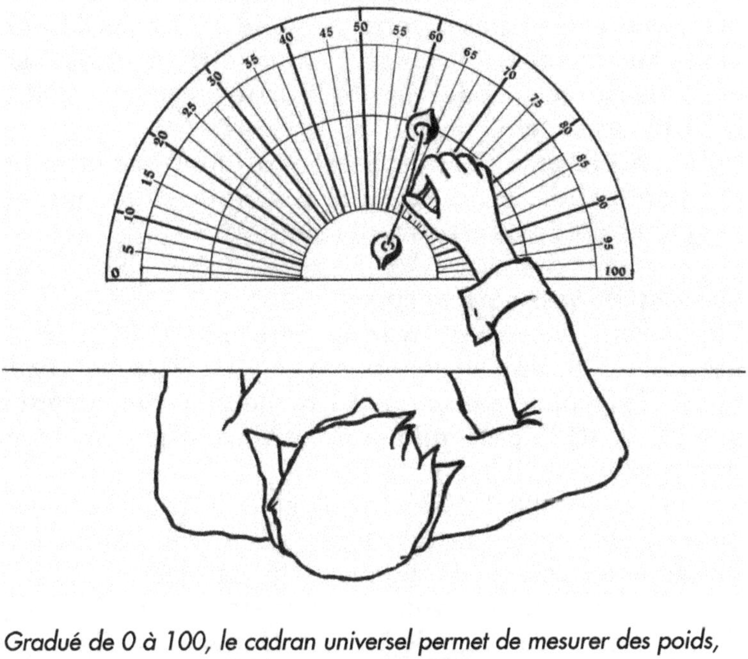

Gradué de 0 à 100, le cadran universel permet de mesurer des poids, des longueurs, des débits…
Il doit être impérativement utilisé en convention directionnelle.
Le pendule, par ses balancements, va se diriger sur un chiffre et osciller au-dessus.

Sa conception en demi-cercle offre d'indéniables avantages : confortable à utiliser, subdivisions et graduations bien espacées, chiffres et mesures clairement indiqués. Par une logique simple, le cadran le plus utilisé est celui que nous qualifierons « d'universel », c'est-à-dire le cadran « à tout faire » car il est gradué de 0 à 100. Libre à vous de transposer les chiffres de ce tableau en grammes, en kilos, en kilomètres, en litres ou en mètres cubes. Prenons l'un des chiffres, le 1 par exemple : il peut devenir 10, 100 ou 1 000.

Forme d'utilisation

Ce type de cadran est toujours utilisé avec une convention directionnelle, permettant l'accès direct et rapide aux résultats. Disposez votre pendule au-dessus du point O du cadran, une fois lancé, il va se diriger et balancer avec insistance au-dessus du chiffre concerné. On ne peut imaginer plus simple !

Voilà encore une des raisons de pratiquer la convention directionnelle, car la radiesthésie doit être une pratique simple et dotée d'instruments simples.

Convention mentale à adopter

Supposons que vous ayez à déterminer l'âge d'une personne figurant sur une photographie. Éléments indispensables pour réaliser cette recherche : un pendule, une photo de la personne seule et votre cadran en demi-lune, gradué de 0 à 100.

La photo disposée devant vous sous le cadran, avec le nom et prénom de la personne concernée, placez votre pendule au-dessus du point 0 du cadran et posez la première partie de votre convention mentale : « Je désire connaître l'âge de Denise Dupont qui figure sur cette photo ».

Lancez ensuite volontairement votre pendule en balancements et enchaînez sur la deuxième partie de votre convention mentale : « Mon pendule se dirigera et

Déterminer l'âge d'une personne d'après photo et cadran gradué

balancera au-dessus du chiffre correspondant à l'âge de Denise Dupont ».

Votre pendule va quitter très rapidement ses balancements pour se diriger vers un secteur de chiffres précis. Il insistera en balançant sur le chiffre 46 par exemple et refusera d'aller plus loin.

Pour vous conforter dans ce premier résultat, posez la question de contrôle OUI/NON au-dessus du chiffre 46 : « Cette personne a-t-elle 46 ans ? ».

Si le pendule est hésitant ou manque de franchise dans sa réponse, interrogez-le par petites « touches » comme : « A-t-elle moins ou plus de 46 ? », « 44 ? », « 45 ? », jusqu'au moment où vous obtiendrez un OUI franc et net.

Ce qu'il faut retenir :

Les cadrans de mesure :
auxiliaires incontournables et inséparables
du pendule.

Le cadran : un moyen simple et efficace
pour effectuer comptages et mesures diverses.

S'ils n'existent pas,
confectionnez-les en fonction de vos besoins.

Utilisez-les le plus souvent possible.

Témoignage

Comment j'ai créé mes cadrans de recherches

Pendant plusieurs années, j'ai été confronté au comptage des choses recherchées, selon l'unité de mesure les concernant : euros, kilos, degrés...
L'usage du pendule qu'on déplace sur une règle horizontale ne m'a jamais pleinement satisfait car, lorsque le pendule arrive sur le chiffre de mesure supposée, il ne s'arrête jamais de façon brutale et nette. C'est un peu comme pour une voiture : à grande vitesse, le freinage, même rapide, ne permettra pas au véhicule de s'arrêter net. Ce dernier continuera sa trajectoire pendant quelques mètres. Il en est de même pour le pendule et, dans ses conditions, les résultats obtenus sont imprécis et aléatoires.
Pendant plusieurs mois, j'ai vainement cherché comment obtenir une lecture rapide et précise du pendule sur une règle de mesures. La solution m'est fina-

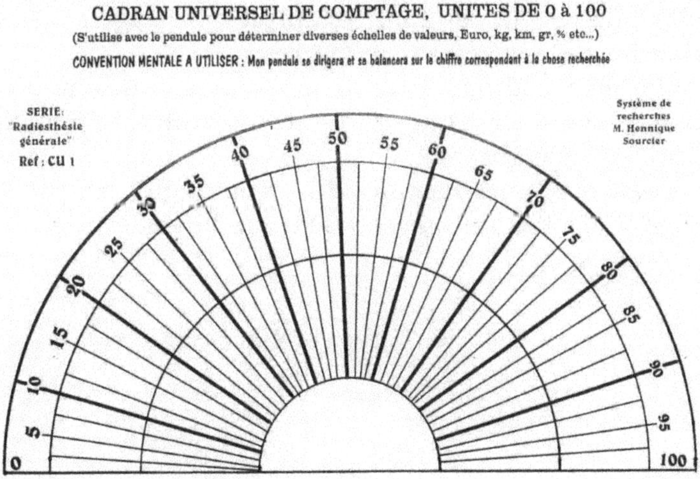

lement apparue un jour, de façon simple, lumineuse, pleine de bon sens… en voiture justement !
Un matin, alors que j'allais démarrer, mon regard a fixé un indicateur lumineux qui m'avertissait d'une portière mal fermée. Soudainement et avec une précision diabolique, j'ai perçu dans le cadran de vitesse ce que pourrait être le cadran idéal de mesures, avec sa forme arrondie et ses chiffres disposés en arc de cercle.
Pour moi, l'aiguille du compteur, par sa rotation sur 180°, devenait tout simplement par substitution : le pendule !
Chacun sait qu'une aiguille en rotation se stabilise, par exemple, sur le 110 lorsque la voiture roule à cette vitesse.
Très rapidement, je me suis confectionné une série de cadrans adaptés à mes recherches de sources, fournissant profondeurs et débits, et me donnant pleinement satisfaction.
L'utilisation de mes cadrans est devenue extrêmement simple : il suffit de placer le pendule au-dessus du point central, de formuler sa convention mentale en rapport avec la mesure recherchée et de lancer ensuite le pendule en balancements. Celui-ci va rapidement se diriger vers le chiffre recherché et balancer vigoureusement : ainsi, sur 80 par exemple, il s'agira de la profondeur d'une source en mètres.
Depuis, mes cadrans ont été imprimés à des milliers d'exemplaires et sont disponibles dans toutes les boutiques spécialisées.
Voilà encore un exemple du formidable travail du subconscient venant au secours du radiesthésiste !

CHAPITRE 12

Le secret de la réussite en radiesthésie : savoir poser les bonnes questions avec précision

Notre inconscient a horreur de l'imprécision

Nous avons vu précédemment que notre inconscient est cette hyper intelligence qui travaille souvent à notre insu, à la condition de savoir le solliciter au bon moment et selon des règles particulières.

Il raisonne au premier degré selon les idées qu'on lui insuffle. Il a horreur de l'imprécision, horreur des formules vagues, floues, et des mots à double sens. Pour lui, un mot est un mot.

En pratique radiesthésique, oublier ces principes de base conduit bien souvent à des erreurs.

Afin de mieux centrer notre propos, prenons des exemples simples qui vont montrer pourquoi des échecs se produisent.

Exemple : la recherche d'une source

Si vous devez chercher de l'eau de source, ne croyez surtout pas qu'il suffise de penser à la formule : « Je cherche de l'eau, mon pendule va me trouver de l'eau ».

Le terme « eau », formulé de cette façon, est beaucoup trop vague et incomplet. L'esprit va chercher des repères, des approchants, sans jamais aller vraiment au but.
Chercher de l'eau certes, mais de quel type d'eau s'agit-il ? Dans quelle direction ? À quel endroit ? De l'eau pour quelle utilisation ? Le terme « eau », employé seul, est beaucoup trop vague.
De quelle eau s'agit-il : eau de surface, eau de source, eau de nappe, eau du robinet, eau de la piscine, eau d'une canalisation enfouie dans le sol ?
Le sourcier doit envisager le problème d'une façon bien différente, même si ce qui suit peut paraître comme une lapalissade, et pourtant.

Nature de l'eau recherchée
D'abord, le sourcier va suggérer à son subconscient de chercher, en priorité, une eau de source. Celle qui coule dans le sol, et pas une autre. Cette première sélection mentale est très importante, car au travers de cette démarche sélective, elle va permettre d'écarter toutes les autres origines d'eau dans la propriété, susceptibles d'induire en erreur le sourcier.

Endroit où il faut chercher
Pour le sourcier, la recherche va commencer dans les limites de la parcelle où il se trouve, et pas ailleurs. Cette seule définition de recherche va augmenter l'acuité du chercheur et définir les limites du cadre dans lequel il doit débusquer une veine d'eau souterraine. Son regard va vite circonscrire la surface du terrain qu'il doit prospecter.

Définir le débit de la veine détectée
Il est important pour le sourcier de savoir quelle veine offre le meilleur débit et à une profondeur intéressante. D'évidence, il va essayer de déterminer quel est le ratio débit/profondeur le plus rentable pour son client. Si la

réponse obtenue par comptage au pendule sur tableau est, par exemple, de 3 m^3/h, il doit impérativement essayer de savoir à quelle profondeur se situe ce débit.

Définir la profondeur de la veine en question

Supposons que la veine détectée produit un débit constant de 3 m^3/h : l'objectif est de savoir à quelle profondeur l'eau circule.

À ce niveau de précision, la question doit être formulée ainsi : « À quelle profondeur circule la veine d'eau qui génère un débit de 3 m^3/h ? » Notre sourcier, en se posant cette question, se conditionne pour trouver la profondeur de la veine qui correspond bien à ce débit, et pas une autre. Cette technique démontre qu'il est absolument nécessaire de segmenter les questions, et surtout de bien en préciser le sens et le but. C'est le passage obligé pour obtenir les bonnes réponses.

Le langage du pendule est restreint

Comme nous l'avons vu dans les leçons précédentes, ses réponses sont obtenues sur la base de deux types de mouvements les plus usuels : le OUI par des rotations horaires et le NON par des rotations antihoraires.

À partir de ce postulat, notre radiesthésiste est totalement enfermé dans un système qui limite son champ de réflexions. Pour le briser, il doit obligatoirement élargir la nature et le type de ses questions.

Cet exemple confirme qu'il est indispensable à notre radiesthésiste d'acquérir des connaissances propres aux choses qu'il recherche. C'est un point incontournable, car comment chercher quelque chose que l'on ne connaît pas ? Voilà pourquoi certains radiesthésistes sont spécialisés dans un domaine de recherches bien particulier : on n'aborde pas une recherche de personnes disparues à la manière d'une recherche d'eau ou d'objets perdus. Chaque recherche a sa discipline, son cadre de travail, ses outils et sa manière de faire.

Exemple de recherche d'une personne disparue

La recherche de personnes disparues est un domaine extrêmement difficile où l'erreur vous guette à chaque étape, eu égard aux conditions de stress dans lesquelles on vous fait intervenir.

Car, sitôt constatée la disparition d'une personne, la famille appelle la gendarmerie ou vous sollicite en général dans des conditions toujours dramatiques et urgentes. À ses yeux, vous devenez l'homme providentiel, celui qui peut tout, celui qui va retrouver son disparu. La pression monte très vite et résister à ce climat n'est pas chose facile à gérer. Il vous faut donc vous organiser dans le calme et avec méthode : sans cela, vous serez vite submergé par cette vague d'émotion collective, parfaitement légitime.

Avant de commencer ce type de recherche, il est impératif de disposer des éléments de base suivants.

Matériel nécessaire

La photo du disparu (en noir et blanc ou en couleurs, si possible seul sur le cliché, photo datant de moins de quatre ans), disposer du nom et de la date de naissance, d'un échantillon de son écriture, des cartes géographiques IGN (Institut Géographique National) du secteur au 1/25 000e et du plan détaillé de la commune.

Témoignages formels des conditions de la disparition

Il est indispensable de se faire préciser quand et où la personne a été vue pour la dernière fois. C'est l'élément fondamental du départ de la recherche.

En général, on vous donne une information que vous devez corroborer avec votre méthode et conforter par votre impression personnelle.

Imaginons que la personne ait été vue, la dernière fois, le jour de sa disparition, vers 17 heures, marchant à pied sur la nationale 32, par trois témoins. C'est le début du petit bout de fil qui va vous permettre de démêler la bobine...

Posez ensuite des questions avec le pendule, à partir des tableaux spécialement conçus pour obtenir des réponses propres à une disparition.
Le disparu est-il parti à pied ou dans un véhicule ? Est-il parti sans ses papiers personnels ? A-t-il emporté avec lui des moyens de paiement : carte de crédit, chéquier, espèces. Suivait-il un traitement médicamenteux et a-t-il emporté ces remèdes ?
Il est indispensable de vérifier les réponses du pendule auprès de la famille. Reprenons quelques-unes des réponses obtenues pour mieux comprendre ce qui a pu se passer.

Réponse a : il est parti en emportant ses papiers et moyens de paiement.
Réponse b : il a emmené ses médicaments.
Réponse c : il est parti à pied.

Traduction de ces réponses
S'il est parti en emportant papiers, argent et médicaments, il y a fort à parier que nous sommes en présence d'une disparition de type : DISPARU VOLONTAIRE VIVANT. Le disparu n'a pas l'intention de mettre fin à ses jours, mais plutôt de disparaître pendant un certain temps.
En revanche, s'il est parti brutalement sans précautions particulières, on peut craindre une DISPARITION VOLONTAIRE AVEC RISQUE DE MORT.
Il ne faut jamais oublier qu'une disparition obéit toujours à des mécanismes psychologiques précis et complexes. Les méconnaître peut vous mener à des échecs dramatiques.
La méthode que j'utilise repose, en fait, sur des données observées sur plusieurs années et à partir de critères d'enquêtes des forces de police.

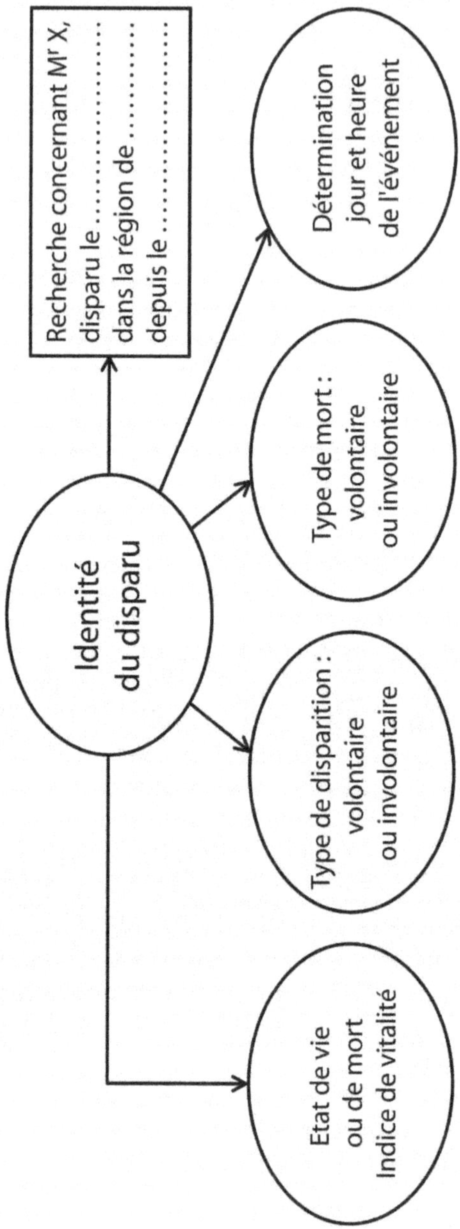
Identité
du disparu
Recherche concernant Mr X,
disparu le ....
dans la région de ....
depuis le ....
Détermination
jour et heure
de l'événement
Type de mort :
volontaire
ou involontaire
Type de disparition :
volontaire
ou involontaire
Etat de vie
ou de mort
Indice de vitalité

Une disparition passe forcément par un ou plusieurs de ces critères : à l'heure actuelle, le disparu est-il VIVANT ou DÉCÉDÉ ?
Dans la démarche qui suit, j'utilise des tableaux que j'ai mis au point au fil de ma pratique. Nous avons choisi, à titre d'exemple, de reproduire ici l'organigramme de départ sur lequel la recherche va reposer.

Déterminer son état de vie ou de mort
A-t-il disparu VOLONTAIREMENT ou INVOLONTAIREMENT ?

Déterminer le type de sa disparition
Est-il décédé de mort VOLONTAIRE ou INVOLONTAIRE ?

Déterminer le type de décès
Localisation géographique du disparu.

Déterminer, en temps réel, dans quel secteur géographique se trouve le disparu (utiliser les cartes IGN au 1/25 000e en partant du dernier endroit où a été vu le disparu)
Commencer la recherche en posant la question suivante n'aurait aucun sens et n'apporterait aucune réponse : « Où se trouve en ce moment Monsieur X ? »
En revanche, utiliser les formulations suivantes apporte une toute autre approche : « Le disparu est-il encore actuellement sur le territoire français, à l'étranger ou toujours dans la région de la disparition ? À la campagne, en ville, en montagne. » Dans ce type particulier de recherche, je travaille au pendule soit par la méthode du pistage direct soit par balayage de la carte avec règle plate et pendule.
Ainsi, chaque rubrique conduit à vérifier, au pendule, des situations possibles à l'aide de tableaux spécifiques.
Savoir poser les bonnes questions pour obtenir les bonnes réponses, impose souvent de les écrire pour mieux les synthétiser et les clarifier.

Savoir poser les bonnes questions, c'est maîtriser leur préparation dans un ordre précis, les détailler, les segmenter, les comparer et les tester au pendule.
Demander « Je désire retrouver mon stylo perdu » n'a pas le même sens, ni la même précision que « Je désire retrouver mon stylo Parker marron, perdu hier après midi, à mon bureau ».
D'emblée, le descriptif de l'objet est précis, le lieu et les circonstances de la perte également.

Pour réussir une recherche, il faut s'en donner les moyens et ceux-ci passent par deux impératifs incontournables :

- acquérir des connaissances générales sur les sujets à rechercher,
- savoir bien préparer les questions et les tester avec des tableaux appropriés (on les réalise souvent soi-même, à l'occasion de recherches spécifiques).

Avec la pratique et l'expérience, la radiesthésie devient alors une source d'enrichissement intellectuel quasi permanent.

Ce qu'il faut retenir

Apprenez à maîtriser l'art de poser les bonnes questions pour obtenir les bonnes réponses. Attention, notre inconscient prend tout au premier degré.

On ne peut chercher efficacement une chose que si on la connaît bien.

Chaque recherche apporte son lot de connaissances et élargit votre champ d'investigations.

Témoignage

La disparition d'un homme dans la région de Nice

Fin juillet 2005, vers 14h30, revenant d'une prospection de sources dans l'arrière-pays niçois, je reçois un appel téléphonique : je reconnais immédiatement la voix de l'adjudant C.M., commandant la brigade du secteur Groupement des Alpes-Maritimes. Cette voix m'est, en effet, familière car nous avons déjà effectué ensemble plusieurs recherches de disparus dans le département.
L'adjudant me demande de bien vouloir passer à la gendarmerie pour prendre connaissance du dossier d'un habitant d'un village qui a disparu depuis trois semaines. De nombreuses recherches ont été faites sous la forme de battues avec le concours des gendarmes, des pompiers et des chasseurs du village, sans résultat...
Ce jour-là, je décide de réaliser la recherche avec un de mes meilleurs amis Raymond Balitrand qui possède de remarquables aptitudes radiesthésiques et que j'ai initié à mes méthodes de recherche des personnes disparues.
Je propose de travailler par la technique dite « en double aveugle » : on va, chacun de notre côté, faire la recherche et on confrontera ensuite nos résultats.
Le protocole de travail est simple : je demande aux gendarmes de me fournir le plan de la commune, les cartes IGN élargies du secteur, une photo du disparu et quelques témoignages de personnes ayant vu ce monsieur le jour même de sa disparition.

Voici les faits.
Le disparu, un universitaire âgé de 38 ans, a été vu la dernière fois vers 21 heures le 4 juillet 2005, sur les écrans de surveillance des caméras vidéo de la localité. Des amis à lui confirment qu'il était venu boire un verre ▶

avec eux et semblait un peu abattu, mais en aucun cas cela ne laissait présager une disparition soudaine.
Trois semaines se sont écoulées sans indices ou traces. Bien entendu, de nombreux témoignages divers et fantaisistes fleurissent : on croit avoir vu le disparu à tel endroit, on dit qu'il serait parti avec une femme...
Personnellement, je ne déroge jamais à la règle que je me suis fixée : je ne prends en compte que les témoignages formels et avérés des gendarmes.
En possession des éléments fournis par ces derniers, mon ami et moi (chacun de notre côté) commençons notre recherche, en utilisant les mêmes documents et, surtout, en évitant d'échanger quelque information que ce soit entre nous.
Voici les étapes de notre protocole de recherche.

État de vie ou de mort
En premier lieu, il faut déterminer si la personne est vivante ou non, au moment précis de la recherche. La notion du temps réel est très importante.
Mon pendule, placé au-dessus de la photo, tourne dans le sens négatif et confirme, sur un cadran, un indice de vitalité de 0 % ! Cette personne serait donc décédée. Pour confirmer cette réponse, je place mon index sur la carotide du visage figurant sur la photo et j'essaye avec mon pendule de reconstituer les battements cardiaques de la personne, à l'aide de balancements. Rien ne se passe : le pendule est totalement inerte, immobile. D'autres tests pendulaires vont confirmer, hélas, l'issue fatale.

Premier essai de localisation du disparu
Dans toute recherche de personne, la seconde étape importante consiste à définir si l'intéressé est toujours dans un rayon proche de la commune (environ 10 km) ou s'il s'est déplacé et dirigé vers une autre circonscription ou un autre endroit du département.

Ensuite, les témoignages fournis par la gendarmerie sont primordiaux, car ils vont permettre de suivre une piste très précise dès le départ de la recherche.

La technique du pistage par pendule

On part de la rue principale où le disparu a été vu vivant pour la dernière fois. C'est notre point de départ avéré : tels des chiens de chasse, nous devons suivre cette piste, la travailler, la recouper, la vérifier…

C'est la technique de recherche dite « par pistage » : elle se déroule par balancements du pendule sur un plan ou sur une carte IGN, en suivant une route, un chemin ou un croisement. L'opérateur ne fait qu'avancer sa main qui tient le pendule au-dessus de la carte et ce dernier, par des balancements directionnels, se dirige vers une zone plutôt qu'une autre.

Une fois arrivé sur le secteur concerné, mon pendule se met à tourner dans le sens des aiguilles d'une montre, refusant obstinément tout autre mouvement ! Ce signe indique que nous arrivons dans la zone sensible qu'il convient d'examiner de plus près. Je trace alors un petit rectangle sur la zone repérée et je scanne ce morceau de carte sur mon ordinateur, en l'agrandissant de façon à obtenir un nouveau document au format A4 qui va nous permettre d'explorer de très nombreux détails.

Puis mon pendule m'indique, en balancements, un endroit très précis : un fond de vallon escarpé, dans un paysage très isolé et difficile d'accès. Il marque alors, tel un chien de chasse, un « arrêt » sur un point précis.

Afin de mieux percevoir l'endroit indiqué et surtout son environnement, j'utilise un outil précieux et fabuleux : le logiciel Carto Explorer 3D qui permet de voir en trois dimensions le type de paysage. Sur l'écran apparaissent toutes les collines, montagnes, vallons, chemins comme si vous les survoliez… De plus, on peut agrandir le secteur concerné et indiquer longitude et latitude du

point détecté, ainsi que l'altitude de l'endroit par rapport au niveau de la mer.
Toutes ces indications facilitent le travail des hommes sur le terrain, puisqu'elles leur permettent ensuite, grâce à leur GPS, d'aller directement à l'endroit où se trouve le disparu. Il ne faut pas oublier que la distance ou l'endroit indiqués par le pendule sur la carte (un petit centimètre par exemple) représente parfois des kilomètres sur le terrain ! Or l'intérêt, avec de tels outils, est de pouvoir mener les chercheurs à moins de 50 mètres de la cible recherchée. On voit aussi, dans cette méthode de travail, que la radiesthésie est parfaitement compatible, voire complémentaire, avec des outils modernes et performants.

La technique par balayage de la carte avec règle et pendule
Elle consiste, à partir de la photo du disparu, à poser la convention mentale suivante : « Je désire être sensible à la présence de monsieur René Martin disparu le 5 juillet. Mon pendule tournera lorsqu'il sera au-dessus de la zone où se trouve l'intéressé. »
Pendant que mon ami utilise la technique du pistage, j'adopte celle du balayage sur plan.
Il s'agit de disposer, sur une petite table de dessinateur, un secteur de carte IGN au 1/25 000e et de faire glisser une règle coulissante sur laquelle se déplace une équerre en plexiglas, d'abord verticalement puis horizontalement, de façon à balayer toute la surface à prospecter. Le but est d'obtenir la convergence de deux points : un point situé sur une ligne horizontale et un second sur une ligne verticale. C'est un peu le principe du radar qui balaie un écran...

Première phase : déterminer un point sur une ligne verticale A/B
Il s'agit de poser la grande règle tout en haut de la carte et de la descendre lentement, de façon à ce qu'elle balaye effectivement toute la surface traversée.

Je conviens mentalement que le pendule tournera lorsque le bord rectiligne de la règle passera sur la ligne où se trouve le disparu. S'il tourne lorsque la règle est à vingt-cinq centimètres du bas de la feuille, j'arrête immédiatement et je trace une ligne au stylo, sur la carte, en suivant le bord de la règle.
Voilà, je viens d'obtenir un premier relevé de point sur une ligne que j'appelle ligne de convergence A/B. Cette méthode n'est pas sans rappeler celle utilisée en navigation, pour obtenir un point avec sa longitude et sa latitude.

Deuxième phase : déterminer un deuxième point sur une ligne horizontale C/D
J'immobilise la règle dans sa position A/B et je fais glisser une petite équerre de la gauche vers la droite sur la ligne A/B obtenue, jusqu'à ce que le pendule se mette à tourner. Puis je marque le deuxième point obtenu : j'obtiens ainsi une position relativement précise, déterminée par la convergence de ces deux points.
Je fais ensuite le relevé de la longitude et celui de la latitude (position N et E) à l'aide du logiciel. Voilà l'endroit placé sur la carte et accompagné de toutes les indications utiles obtenues : emplacement probable du disparu, direction géographique au S/E de la commune, à 345 mètres d'altitude et à la position N 43°49.559/E 007°12.212.
Le lendemain, mon ami et moi comparons nos résultats : quelle n'est pas notre surprise de constater que, sur la carte, nos deux points sont très voisins et situés en bas d'une colline, ce qui représente un écart de seulement 30 mètres environ sur le terrain.
Enfin, à l'aide de cadrans très spécifiques, j'essaye de déterminer les circonstances de la disparition, de façon à compléter mon rapport, qui se résume de la façon suivante : il s'agit bien d'une disparition volontaire, avec mort volontaire (par suicide) et décès provoqué par l'absorption de substances médicamenteuses. Le corps ▶

serait visible à l'œil nu et situé dans un endroit pentu et escarpé.
Et c'est à partir de ces éléments que les forces de gendarmerie, les gens du pays et des chasseurs (tous volontaires) reprennent les recherches orientées, cette fois-ci, dans un secteur précis. Un hélicoptère de montagne participe à cette ultime battue, de façon à avoir une vue générale de la zone indiquée et à guider les gendarmes.
Le soir, vers dix-huit heures, mon téléphone sonne : c'est le commandant de brigade qui m'informe que ses hommes viennent de retrouver le disparu mort, gisant au pied d'un talus escarpé et près d'un buisson. À terre, juste à ses côtés, une bouteille d'eau ainsi que des tubes de médicaments... Le corps était bien à l'endroit indiqué par mon ami et par moi. On imagine l'émotion qui a été la nôtre à l'énoncé de cette nouvelle : nous étions à la fois bouleversés, et fiers du rôle que nous avions joué. Ainsi, la famille du disparu a pu faire son deuil et donner une digne sépulture à son cher disparu.
Le lendemain, le quotidien *Nice Matin* relatait ce dénouement, sans citer le rôle que nous avions joué mon ami et moi, la gendarmerie ayant scrupuleusement respecté notre choix : celui de la discrétion et du désintéressement.
Par cet exemple, on s'aperçoit que les recherches de personnes disparues bénéficient, comme celles des sources, des nouvelles technologies, dont il ne faut pas hésiter à se servir.
Je sais que les puristes de la radiesthésie seront peut-être choqués par mes méthodes d'investigation et que l'on va, sans doute, me rétorquer que l'utilisation d'un ordinateur, d'un GPS et de logiciels ne relève pas de cet art très ancien. À cela, je répondrai simplement que seul le résultat compte !
À ce niveau de comparaison, on peut également considérer qu'il existe deux écoles différentes chez les sour- ▶

ciers : la traditionnelle, qui consiste à détecter directement avec une baguette le passage d'eau sur un terrain, sans tenir compte de l'environnement et de ses spécificités géologiques. L'autre école, tout en pratiquant le même art, y ajoute des technologies et des approches nouvelles : l'observation de l'environnement à prospecter, la nature exacte du sous-sol géologique qui le compose, l'utilisation de cartes géologiques du BRGM (Bureau des Recherches Géologiques et Minières), de logiciels IGN 3D apportant une vision précise du lieu avec ses collines, vallons ou passages de failles sismiques, de GPS de terrain permettant de localiser très exactement, par satellite, l'emplacement du futur point de forage...

Toutes ces données, ainsi cumulées, permettent au sourcier que je suis d'aborder les recherches hydrologiques avec beaucoup plus de précisions et d'obtenir des scores de réussite bien plus élevés qu'il y a une quinzaine d'années.

Il ne faut pas croire que toutes les recherches de personnes disparues se terminent aussi bien que celle-ci. Elles peuvent durer plus longtemps ou ne pas aboutir par manque de précisions ou d'effectifs humains sur le terrain, ou tout simplement à cause de la complexité géographique du secteur.

En radiesthésie, la recherche de personnes disparues est certainement la discipline la plus difficile et la plus délicate à pratiquer que je connaisse. Cette discipline doit être abordée avec beaucoup de précautions, car elle engage la responsabilité morale du radiesthésiste vis-à-vis des familles et des moyens mis en œuvre pour tenter de retrouver le disparu. Rien n'est plus terrible que d'annoncer des informations en contradiction totale avec la réalité... C'est le risque majeur permanent, auquel est confronté le radiesthésiste pendant toute la durée de sa recherche.

CHAPITRE 13

Les recherches par téléradiesthésie

Définition de la téléradiesthésie

Étymologiquement, le préfixe « télé » signifie à « distance ». La téléradiesthésie est donc l'art de pratiquer la recherche à distance au moyen d'un pendule. La téléradiesthésie permet au praticien de réaliser une recherche, sans se rendre sur le lieu de celle-ci.

D'évidence, lorsqu'un radiesthésiste effectue une recherche d'une personne disparue, d'un animal égaré, d'une veine d'eau sur une propriété ou d'un objet perdu, sans se rendre sur les lieux, il pratique la téléradiesthésie… sans le savoir.

Dès que le radiesthésiste se sert d'un plan ou d'une carte pour rechercher quelque chose (sans se rendre sur place), il fait de la téléradiesthésie.

La téléradiesthésie : une pratique surprenante

Pour le grand public, la technique de la téléradiesthésie semble relever des sciences occultes.

Il est vrai que rechercher des personnes disparues ou des sources, distantes de plusieurs centaines de kilomètres, ou même de plusieurs milliers, a de quoi surprendre l'homme de la rue !

Pouvoir s'affranchir de pareilles distances, en un temps record, reste tout de même un mystère, et pourtant les faits sont là, parfois stupéfiants, et donnent souvent raison aux radiesthésistes chevronnés.
Un de nos confrères, unanimement reconnu et très compétent dans la recherche de personnes disparues, Jean-Louis Crozier (5), pratique couramment cette spécialité, depuis de nombreuses années. La presse, la télévision, des hommes d'État étrangers font appel à lui et force est de constater que ses résultats sont stupéfiants. Et pourtant, il ne se rend jamais sur les lieux des disparitions pour lesquelles il est consulté.

Tentative d'explications de la téléradiesthésie

Quels sont les mécanismes qui enclenchent ce processus de recherche particulier, pour aboutir aux résultats que nous connaissons ?
Pour en savoir plus, on ne peut raisonner que par hypothèses, au moyen de déductions reposant sur la pratique et sur des faits patents.
Pour certains, cette technique serait le résultat d'un très mystérieux rayon, appelé « universel ». Pour d'autres, il s'agirait d'une manifestation de voyance, de magie blanche ou noire, de clairvoyance ou de télépathie... On parle aussi d'un rayon comparé à celui du laser, émis par le cerveau et qui irait chercher une information à des milliers de kilomètres, et la renverrait instantanément à son opérateur.
Il nous paraît difficile d'imaginer un phénomène d'origine physique, dû à quelques radiations issues elles-mêmes de particules mystérieuses, d'origine terrestre. À ce jour, aucune preuve scientifique n'a pu être apportée concernant ce concept.

5 - *Voir* ABC de la radiesthésie *de Jean-Louis Crozier et Jacques Mandorla (Éditions Grancher).*

Pour essayer de comprendre, faisons appel à un peu de bon sens et revenons aux moyens simples que sont les outils et le petit matériel utilisé pour réaliser des recherches à distance : un pendule pour solliciter son inconscient, des plans ou des photos utilisées comme supports de recherche. Voilà pour le matériel qui, reconnaissons-le, n'est pas très sophistiqué !
On est alors en droit de se poser cette question : lorsque le radiesthésiste utilise un plan, ou une photo, quel lien mystérieux peut-il bien exister entre ce lieu, où doit se faire sa recherche, et ce fameux plan ?

Le plan devient le support principal de la recherche
À y regarder de plus près, un plan n'est, en fait, que la représentation graphique et imagée des choses à rechercher. La seule relation existant entre le radiesthésiste et ce plan est le désir intense qu'il a de retrouver la chose recherchée.
Ce désir d'aboutir se trouve exacerbé, aiguisé, par les techniques utilisées par l'opérateur : l'orientation mentale et surtout les différentes conventions mentales, spécialement formulées à partir de la représentation de ce plan.
Le plan devient, en réalité, un témoin artificiel et c'est cette seule qualité de témoin qui est bien la justification de son emploi dans une recherche à distance. Il en est de même dans l'utilisation d'une photographie d'une personne, d'un objet ou d'un animal.
C'est aussi la raison pour laquelle la qualité première d'un plan doit être sa fidélité de reproduction et sa précision. Le radiesthésiste dispose ainsi d'un cadre précis de travail où sa concentration sera optimale.

La recherche à distance relève d'une manifestation purement mentale
Il s'agit bien, à mes yeux, d'une manifestation purement mentale, utilisant des techniques de concentration

appropriées, face à ce témoin artificiel qu'est le plan. Ce témoin « papier », par son rôle autosuggestif et par l'utilisation d'une convention mentale et d'un pendule, engendre, chez le radiesthésiste, les mêmes réactions que s'il s'était déplacé sur le terrain.
Ce témoin permet donc de créer un lien « physique » chez le radiesthésiste qui se fait ainsi une représentation mentale entre lui et le plan concernant l'objet ou la chose à rechercher.
Je suis persuadé que l'explication rationnelle de la téléradiesthésie vient de l'association de plusieurs éléments psychologiques, savamment sélectionnés entre eux et agissant sur l'opérateur.
La téléradiesthésie, pratiquée par l'homme, relèverait vraisemblablement de plusieurs actions organiques : la psychologie, la physiologie, une subtile alchimie qui intervient, au final, sur le cerveau de l'opérateur.
On retrouve un phénomène approchant (même s'il est différent) lorsque nous nous concentrons en regardant intensément la photographie d'une personne disparue, qui nous est chère. En la détaillant, tout notre être est saisi et submergé par une intense émotion. Cette photographie joue le rôle d'un témoin artificiel de l'être que nous chérissons et déclenche un processus mental émotionnel très fort. L'imagination du radiesthésiste devient fertile et fabrique des images, des souvenirs. Ce témoin-photo crée un lien « physique artificiel » entre la personne et l'opérateur, et déclenche chez ce dernier une réaction mentale extrêmement forte. On retrouve le même mécanisme et ses ingrédients chez celui qui pratique la téléradiesthésie.
Nous sommes au cœur d'une action mentale bien réelle, qui génère des effets puissants. Pour intéressante qu'elle soit, cette action mentale n'a jamais pu être mesurée ou quantifiée par des moyens scientifiques ou physiques. Mais cela est un autre débat.

Ce qu'il faut retenir

La téléradiesthésie est une réalité,
même si elle ne peut être expliquée scientifiquement.

C'est une action mentale très forte
qui permet de la pratiquer.

Témoignage

La recherche de sources en Guadeloupe, à distance et sur plan

Cette histoire démontre la réalité de la téléradiesthésie et de ses applications, bien que de nombreuses personnes en nient encore l'existence.
Je reconnais avoir mis du temps à essayer cette technique, car je n'arrivais pas à comprendre comment un radiesthésiste pouvait localiser des passages d'eau souterraine, sans aller sur le terrain...
Doté d'un certain esprit cartésien, je décide de procéder à plusieurs tests. Ainsi, avant de me rendre chez un client pour détecter des veines d'eau, je décide de lui demander le plan parcellaire de son terrain, afin de réaliser d'abord la recherche à distance et sur plan.
Pour parvenir à mes premiers résultats, j'ai dû adapter une convention mentale spécifique : pendule en main, je parcours lentement les quatre coins du plan en posant la question suivante : « Mon pendule changera de mouvement lorsque je passerai sur un passage d'eau ».
Je lance alors volontairement le pendule en balancements et déplace lentement ma main qui tient le pendule sur le plan : je constate qu'à certains endroits du plan, le pendule quitte subitement ses balancements pour entrer en rotations. Je marque soigneusement les endroits précis au stylo.
En arrivant chez mon client, j'oublie volontairement ces indications, afin de ne pas être victime d'effets d'autosuggestion. Procédant à ma recherche sur le terrain avec baguettes et pendules, force est de constater que les zones détectées sur le terrain... correspondent exactement à celles dessinées sur le papier lors de ma recherche à distance ! Il peut parfois exister quelques petites différences de distances : je fais alors le réajus- ▶

tement sur le terrain. Désormais, devant les résultats obtenus, je pratique couramment cette technique avant d'aller en prospection, surtout si le terrain de la propriété est très grand.
Un jour de mai 2004, je suis contacté par un groupe financier métropolitain qui désire exploiter les eaux thermales du volcan de la Soufrière en Guadeloupe pour y installer une petite unité d'embouteillage d'eau de source.
J'accepte ce défi peu commun, car la Guadeloupe est tout de même située à plus de six mille kilomètres de chez moi…
J'explique, avec d'infinies précautions, à mes interlocuteurs ma manière de travailler : opérer préalablement sur plan, puis faire vérifier par des sourciers locaux s'il existe bien des passages d'eau aux endroits que j'aurai indiqués.
Dans un souci d'honnêteté et d'impartialité, je précise qu'il ne faudra, en aucun cas, leur dévoiler les endroits que j'ai détectés, de façon à travailler selon la technique dite « en double aveugle ». Mes interlocuteurs sont, dans un premier temps, surpris de ma réponse, mais décident quand même de me faire confiance. Ils m'envoient alors de Guadeloupe tous les éléments demandés : plan du terrain, orientation, altitude par rapport au niveau de la mer, degré des pentes, nature des sols de surface et cartes géologiques du secteur.
Je commence mes recherches à distance sur plan, en tenant compte de tous ces éléments : je détecte immédiatement quatre zones relativement précises, dont une, à la sortie d'un vallon, démontrant le passage probable d'une importante faille sismique.
Après plusieurs jours de recoupements et de vérifications, j'envoie tout mon rapport contenant mes probabilités de présence d'eau de source, avec estimations des profondeurs et des débits. Chaque point des futurs ▶

forages est clairement positionné selon sa longitude et latitude, à l'aide du logiciel Carto Explorer 3D, de façon à pouvoir les retrouver sur place avec un GPS manuel.
Trois semaines plus tard, je reçois une réponse de mes interlocuteurs, qui me disent avoir fait intervenir un sourcier local. Celui-ci a prospecté le terrain de 2 hectares et a effectivement trouvé trois des quatre points, aux endroits que j'avais indiqués, avec quelques très petites variantes au niveau de la profondeur et des débits. Le quatrième point apparaissait comme le moins évident, avec des doutes.
Environ dix jours plus tard, on me demande par précaution ultime, si j'accepterais de me rendre en Guadeloupe pour, cette fois-ci, prospecter directement sur le terrain. J'accepte de m'y rendre début juillet pour réaliser cette prospection-vérité, avec ce trac que connaissent tous les sourciers face à une épreuve particulière... J'arrive à l'aéroport de Pointe-à-Pitre vers dix-huit heures, dans une température rappelant celle d'un sauna, avec un taux d'humidité frôlant les 90 % et après huit heures de vol.
Le lendemain matin, on vient me chercher de bonne heure pour m'emmener sur le terrain que je dois prospecter. Celui-ci ressemble plus à une jungle faite de hautes herbes tropicales, plantée de manguiers et de bananiers. Il nous faut débroussailler rapidement les zones sensibles que je désigne.
Je commence alors ma recherche et quadrille le terrain par secteurs, procédant par élimination, car la surface est grande.
Je sens immédiatement plusieurs passages, de 90 centimètres à 2 mètres de large, provenant des collines surplombant le terrain. Je matérialise ces passages à la bombe de peinture bleue, je trace au sol les points de forage, j'en fais le relevé géodésique par GPS, puis je procède aux estimations de profondeurs et de débits.
Le résultat obtenu est le suivant :

Une veine à 87/93 m de profondeur avec un débit estimé de 3,50 m^3/h.
Une veine à 75/81 m de profondeur avec un débit estimé de 4 m^3/h.
Ces deux veines se croisent et permettent de cumuler un débit de 7,50 m^3/h.
Une veine à 69/75 m de profondeur avec un débit estimé de 5,50 m^3/h.
Et enfin une autre à 88 m de profondeur avec un débit estimé de 4 m^3/h.
Il est troublant de constater que tous ces points correspondent, à la fois, à ceux que j'avais trouvés à distance et à ceux confirmés par le sourcier local.
Quelques mois après mon retour, mes interlocuteurs m'informent avoir réalisé trois forages sur les trois premières veines détectées et l'eau était bien au rendez-vous, avec les débits correspondants.
Des opérations comme celles-ci me font chaud au cœur, mais surtout démontrent l'efficacité des prospections réalisées par téléradiesthésie.

CHAPITRE 14

La recherche sur plan

Quand un plan joue le rôle d'un tableau de recherche
Nous avons déjà vu que les tableaux de comptages permettent de *quantifier*, par une valeur définie, la chose recherchée, en kilomètres, en kilogrammes, en minutes. Un plan, correctement dessiné et bien utilisé, vous permettra de *localiser* la chose à rechercher.
La recherche sur plan se pratique lorsque les surfaces à prospecter sont très grandes, permettant ainsi de la réaliser avec moins de fatigue. Mais elle s'utilise également lorsque l'on ne peut pas se rendre sur place. La recherche se fait alors à distance.

Une méthode étonnante et pourtant bien réelle : la recherche à distance
Personnellement, avant de me rendre sur un terrain pour une recherche d'eau, je localise au préalable sur plan le ou les passages de veines d'eau. Arrivé sur le terrain, force est de constater que les passages détectés sur plan sont extrêmement proches des passages relevés sur place. Il y a parfois quelques petites différences de distances ou de profondeurs, mais très rarement des erreurs de zones ou de lieux.

En revanche, je ne prendrai jamais le risque de faire réaliser un forage d'après une recherche faite sur plan à distance : le plan peut être ancien et ne pas préciser des constructions nouvelles, des modifications de surfaces de sols (ouvrages en béton, chemins, obstacles...).
Je finalise toujours ma recherche en me rendant ensuite sur le terrain, à l'endroit détecté à distance, et je confirme le passage d'eau avec des baguettes, un pendule ou une antenne de Lecher.

Comment cela est-il possible ?
Cette technique n'est pas due à l'intervention de radiations provenant de la chose recherchée et qui reviendraient vers notre radiesthésiste.
En fait, les éléments moteurs de ce type de recherche sont le cerveau de l'opérateur, sa pensée, son imagination, tous ces potentiels mentaux humains déjà évoqués dans les chapitres précédents et qui favorisent l'intuition raisonnée. Il semble exclu de retenir l'action du magnétisme humain ou de champs de même nature qui déclencheraient la détection à distance d'éléments à rechercher, et ce, pour une raison très simple : sur le papier, le contact physique avec l'opérateur n'existe plus.
En fait, il s'agirait bel et bien d'une manifestation d'une sensibilité particulière, d'une supra intelligence, comme s'il s'agissait d'un rayonnement puissant de la pensée, capable de se rendre en des lieux éloignés. C'est ce que je nomme « l'intuition provoquée et raisonnée ».
Cela se passe comme si la pensée convergeait vers l'endroit à prospecter et revenait en une fraction de seconde vers l'inconscient de l'opérateur, pour lui transmettre la réponse par les mouvements de son pendule.
Cela offre d'énormes avantages au niveau de la concentration, car la zone à prospecter est parfaitement définie sur un plan. Dans la réalité sur le terrain, il en est tout

autrement, la pensée doit composer avec les obstacles, les reliefs du sol, les arbres, les bâtiments, autant d'éléments pouvant distraire la concentration.

Qu'est-ce qu'un bon plan ?

Le plan utilisé pour une recherche à distance ou sur place est, à la fois, la pièce maîtresse et le support de travail de l'opérateur. Il est l'élément capital. Il est d'autant plus important qu'il doit être précis et récent.

Ce plan est, en réalité, un témoin artificiel qui va permettre d'opérer la recherche comme si l'on était sur place. Le nord magnétique doit être parfaitement indiqué par une flèche. Par exemple, pour une recherche d'eau sur une propriété, il est indispensable de faire figurer tous les détails : haies, arbres, villa, voies d'accès, jardin, portail…

S'il s'agit du plan intérieur d'une maison, chaque pièce, chaque étage, doivent être clairement dessinés, en précisant l'emplacement et le nom de chacun des meubles y figurant.

Un exercice amusant : retrouver un téléphone portable dissimulé par un tiers

Un tiers va volontairement cacher votre téléphone portable dans un endroit de votre appartement, à votre insu bien sûr, portable allumé de façon à ce que ce tiers l'appelle et le fasse sonner au moment où vous aurez désigné la zone où il se trouve. Une façon amusante et vivante de vérifier l'exactitude de votre recherche.

Mode opératoire

Il existe deux façons de procéder :

1) La recherche en direct dans l'appartement, sans l'aide d'un plan, par désignation du doigt de chaque pièce et, selon la pièce prospectée, la désignation de chaque élément présent dans celle-ci.

2) La recherche différée sur plan et sa vérification, sur place, de l'endroit désigné par la sonnerie du téléphone.

La recherche en direct dans l'appartement, sans l'aide d'un plan

Le matériel à utiliser

Un pendule et la photo du téléphone à retrouver.

La méthode à utiliser

Elle consiste à visiter physiquement chaque pièce et, par élimination, à désigner celle où se trouve le téléphone portable.

Les 5 phases à franchir

Phase 1) Utilisez un témoin photo ou artificiel de l'objet à retrouver.

Phase 2) Créez votre propre orientation mentale.

Phase 3) Créez votre convention mentale de recherche.

Phase 4) Localisez une zone plus sensible que d'autres dans l'appartement.

Phase 5) Travaillez avec votre pendule sur la pièce retenue par énonciation des endroits possibles.

Application

1) Utilisez un témoin photo ou artificiel

En guise de témoin, prenez la brochure de votre portable. Vous disposerez, à la fois, d'un témoin photo et d'un témoin artificiel. La représentation graphique de l'appareil est parfaite pour ce genre de recherche.

2) Créez votre propre orientation mentale

Celle-ci est très simple puisqu'elle consiste à définir sa recherche ainsi : « Je désire retrouver mon téléphone portable de la marque (précisez la marque), caché dans mon appartement ».

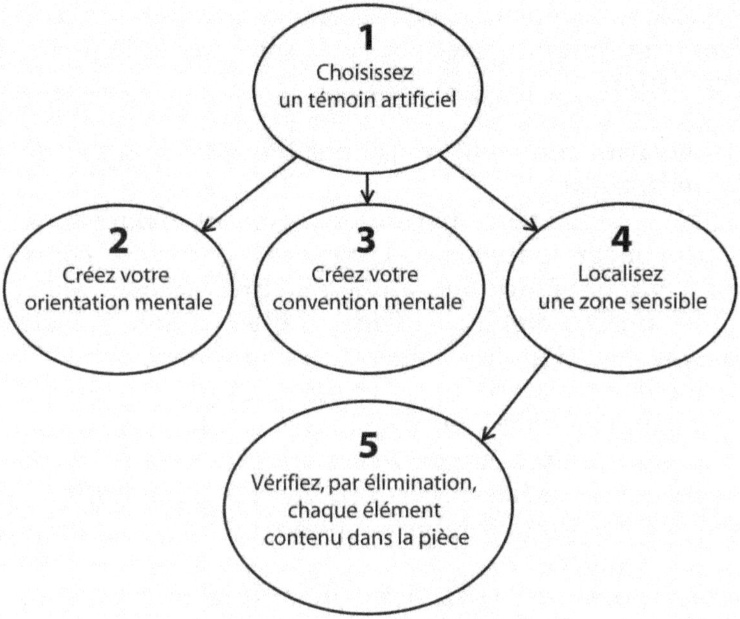

Recherche en différé, au pendule et sur plan, d'un objet caché dans l'appartement

Le problème de départ est posé en termes simples : le propriétaire est clairement identifié, ainsi que le type et la marque du téléphone, et l'endroit où il pourrait se trouver.

3) Créez votre convention mentale de recherche, en deux temps distincts

La première, pour localiser la pièce où il se trouverait, et la seconde pour déterminer à quel endroit de la pièce.

Première partie de la convention mentale qui doit être claire et simple, exemple : « Je désire être sensible à la présence de mon portable (citez mentalement la marque) caché dans mon appartement. Mon pendule tournera dans le sens horaire lorsque je prononcerai le nom de la pièce où il se trouve ».

L'opérateur debout dans le salon, pendule en main, fixant la photo posée au sol, cite mentalement sa convention.

4) Localisez une zone plus sensible que d'autres dans l'appartement
Lancez volontairement votre pendule en balancements et prononcez lentement et mentalement votre convention, en énumérant une à une les différentes pièces de votre appartement : cuisine, salle de bains, salon, chambre un, chambre deux, et couloir d'entrée.
Si, lorsque vous venez de citer « couloir d'entrée », votre pendule change brusquement son balancement en rotations horaires, laissez-le continuer ses rotations bien rondes et franches, et posez ensuite la question de contrôle : « Mon portable se trouve-t-il vraiment dans le couloir d'entrée ? »
Si la réponse est OUI, il ne vous reste plus qu'à vous rendre dans le couloir d'entrée et à vérifier tous les éléments s'y trouvant.

5) Travaillez avec votre pendule par énumération de chaque élément présent dans la pièce retenue
Debout dans le couloir d'entrée, vous pouvez procéder de deux façons :
a) Première façon : main gauche tendue et index pointé, vous tournez sur vous-même, lentement, à 360°, et vous convenez mentalement que lorsque votre index rencontrera la zone où se trouve votre portable, votre pendule se mettra à tourner dans le sens horaire.

Recherche en direct, au pendule et par balayage à 360°, d'un objet caché dans l'appartement

Tournez à 360°, index tendu, en attente de la réponse du pendule. Lorsque votre index est dans la direction de l'objet, le pendule effectuera des rotations dans le sens horaire (= OUI).

Vérification de la présence du téléphone, en déclenchant sa sonnerie

b) Seconde façon : toujours debout, vous convenez mentalement que lorsque vous désignerez séparément, un par un, chaque élément présent dans le couloir, votre pendule se mettra à tourner lorsque votre index désignera l'endroit où votre portable se trouve.
Parmi ces deux procédures, choisissez celle qui vous convient le mieux.

Revenons à l'hypothèse de la première méthode qui consiste à tourner sur soi-même à 360° : observez bien votre pendule et la direction indiquée par votre index.
Décomposons la scène : votre index se trouve en face de l'armoire et il balance toujours. Vous poursuivez lentement votre rotation : votre index se trouve alors en face de la petite commode, pendule toujours en balancements. Et lorsque votre index se trouve en face de la penderie d'entrée, votre pendule commence à ovaliser ses balancements pour les transformer rapidement en rotations. Stoppez alors votre rotation sur vous-même et posez la question : « Mon portable est-il dans la penderie ? »
Si sa réponse est exacte, demandez alors à la personne présente de faire sonner votre portable, mais vous n'aurez droit qu'à un seul essai ! Car lorsque sa sonnerie aura retenti, vous saurez si votre recherche a été fructueuse. Nous avons choisi cet exemple car il est facile à réaliser et drôle par sa finalité.

La recherche en différé sur plan et la vérification dans l'appartement

Matériel utilisé
Plan général de votre appartement, avec représentation de chaque pièce et du mobilier signalé par les noms (armoire, étagère, commode, lits...), un pendule et une boussole.

La méthode à utiliser
Celle-ci consiste à déterminer, avec l'aide du plan et du pendule, dans quelle pièce se trouve votre portable, et ensuite dans quel élément de la pièce il a été dissimulé.
a) En tout premier lieu, placez le plan bien à plat sur une table dégagée et orientez-le au nord, au moyen d'une boussole.
b) Posez, sur votre gauche, la photo (brochure du téléphone) du portable à rechercher et définissez, dans un premier temps, votre orientation mentale : « Je désire retrouver mon téléphone portable dissimulé dans ma maison ». C'est la phase de pré-concentration.
c) Définissez votre convention mentale avant d'entamer la recherche au pendule : « Mon pendule tournera dans le sens horaire, lorsque mon index désignera l'endroit où se trouve mon téléphone portable, identique à celui du témoin ». Au besoin, écrivez cette phrase sur une feuille blanche, de façon à parfaitement sensibiliser votre subconscient.
d) Désignez de l'index (ou à l'aide d'un stylo sur le plan) chaque pièce de la maison, de façon à travailler par élimination, jusqu'au moment où le pendule entrera en rotations franches, sur la pièce détectée.
e) Si le pendule tourne sur le dessin représentant la salle à manger et dans le sens horaire, par exemple, posez la question de contrôle : « Le portable se trouve-t-il vraiment dans la salle à manger ? » Si le pendule confirme bien la présence du portable, il y a lieu de ne travailler que sur le plan représentant la salle à manger.
f) Explorez, en détail, le plan de la salle à manger, car il va falloir passer en revue chaque élément présent : fauteuils, étagères, armoires, canapé... Désignez lentement chacun de ces éléments et attendez que le pendule se mette à tourner : si ses rotations sont rondes et bien

Recherche, au pendule et sur plan, d'un objet perdu

Affinage d'une zone sensible de l'appartement

Vérification, par la technique du OUI/NON, de chaque élément contenu dans la pièce

Vérification de la présence du téléphone, en déclenchant sa sonnerie

appuyées, par exemple sur la zone « étagères », posez la question de contrôle : « Mon portable est-il sur une des étagères ? »
Enfin, si votre pendule confirme par de belles rotations horaires, la réponse OUI, demandez à la personne qui assiste à la recherche d'appeler votre portable. Si une joyeuse sonnerie retentit au niveau des étagères, vous avez réussi votre expérience !
En revanche, si dans ces deux cas de recherches, votre pendule venait à ne réagir sur aucune des pièces figurant sur le plan, tout laisse à penser que votre portable a été volontairement dissimulé en dehors de l'appartement (cave, jardin, voiture).

Ce qu'il faut retenir

Pratiquez souvent la recherche sur plan : un exercice profitable.

Utilisez des plans précis et récents, gages de réussite.

La recherche « en direct » d'un objet perdu passe par 5 étapes obligées : n'en sautez aucune.

Chercher votre portable dissimulé par un tiers : un exercice facile et amusant.

Témoignage

La recherche et la localisation d'une source à Grasse

Courant juin 2004, je suis consulté par le président de la plus importante déchetterie du département pour une recherche d'eau, dans un grand terrain en pleine campagne à quelques kilomètres de la ville de Grasse. La nouvelle déchetterie tout nouvellement implantée exige, en effet, de grosses quantités d'eau pour le rinçage et le traitement des détritus.
Cette demande est un véritable défi, car le lieu est très isolé, en chevauchement sur deux géologies radicalement différentes et opposées dans leur sous-sol : du calcaire qui facilite les passages d'eau souterraine et, vingt mètres plus loin, lui faisant face, du micaschiste d'origine volcanique qui ne laisse pas facilement passer l'eau... La lecture et l'interprétation des cartes géologiques me confirment bien cette particularité.
L'ingénieur du groupe me dit qu'il sera assez difficile de trouver des arrivées d'eau dans ce secteur, à cause de la structure géologique complexe. Lui aussi m'explique que le site est placé à cheval sur deux géologies différentes qui se superposent et que cette configuration va probablement nous obliger à descendre très profond, pour trouver cette eau tant attendue sur le terrain.
Son pronostic assez sombre m'inquiète un peu, d'autant qu'il me parle d'un forage qui pourrait bien dépasser les 230 mètres de profondeur et qu'il m'annonce qu'il a invité TF1 à venir voir les nouveaux aménagements de la déchetterie et à assister au forage !
J'examine en détail mes cartes géologiques et mes cartes IGN et j'observe l'environnement proche. Le site est entouré de petites montagnes de 400 à 600 mètres d'alti- ►

tude : l'une derrière, faite de calcaire jurassique, l'autre devant, constituée de roches volcaniques très dures.
Par contre, un détail dans le paysage attire mon attention : un important affaissement de surface apparaît entre deux collines, menant à un bassin fait de fractures de surface et se dirigeant vers le site de la déchetterie. Pour moi, cet indice est précieux car il correspond à une importante faille en profondeur qui, en principe, devrait collecter des eaux de passages. Je prends mon pendule en main et me pose cette question : « Dois-je prospecter le terrain placé entre moi et cette colline faillée, dans le sens Est-Ouest ou prospecter l'autre partie située en bord de route, près des réservoirs d'eau déjà construits ? »
La logique voudrait que je donne la priorité à l'espace placé en bord de route, près des cuves de réserves, pour des raisons d'ordre pratique. Mais mon pendule insiste fortement pour la partie opposée du terrain, par une réponse OUI sans ambiguïté. Il s'agit du site proche des collines où semble se cacher une importante faille souterraine. Je m'y dirige et commence ma recherche dans une ambiance peu propice à la concentration, entouré d'une noria de camions, de bulldozers, de pelleteuses, le tout dans un nuage de poussière tenace.
Baguettes, antenne de Lecher, cadrans de comptages défilent entre mes mains : tous ces instruments semblent me confirmer la présence d'un important passage d'eau à cet endroit.
L'ingénieur, me voyant accroupi, pendule et cartes en mains, en train de réfléchir, me demande la raison de mon air si préoccupé. Je lui dis que j'ai de fortes présomptions de présence d'eau sous mes pieds. Il me répond d'un petit air narquois : « Que le bon Dieu vous entende ! »
Je décide de poursuivre l'étude du sous-sol et prends mon cadran de comptage prévu pour estimer le débit. Je ▶

place mon pendule au-dessus et le lance vigoureusement : il se met à balancer et se dirige vers le chiffre de 9/12 m^3/heure.
Il me faut ensuite savoir à quelle profondeur circule ce débit, plutôt intéressant pour un secteur renommé délicat. Je saisis le cadran des profondeurs de 0 à 300 mètres, place le pendule au-dessus et le lance en rotations. Il infléchit immédiatement ses rotations pour les transformer en balancements et se dirige résolument vers les chiffres d'une profondeur estimée entre 125 et 150 mètres.
Je dessine le tracé du passage d'eau sur le sol, au moyen d'une bombe de peinture bleue, puis je note sur mon carnet de recherches l'estimation de sa profondeur, de son débit, son sens géographique d'écoulement et la largeur de la faille où l'eau circule.
Je réalise plusieurs photos numériques de l'endroit et rejoins mon interlocuteur dans la cabane de chantier en tentant de lui expliquer ce que j'ai trouvé. Il m'interrompt brutalement : « Alors monsieur Hennique, vous avez trouvé de l'eau à cet endroit ? », suivi aussitôt de « Allez, on est parti pour 200 mètres minimum de profondeur ! »
Il est vrai que devant une telle détermination, j'hésite à annoncer mon pronostic ! Prenant mon courage à deux mains et une profonde inspiration, j'énonce le résultat de ma recherche : il y aurait un passage d'eau sur le terrain situé à l'opposé de la route, où coule une veine d'eau entre 125 et 150 mètres de profondeur avec un débit estimé entre 9 et 12 m^3/heure.
Mon interlocuteur m'écoute calmement et note mes chiffres en même temps sur son cahier de chantier, puis il relève la tête et me précise : « Pas plus de débit, pas plus de profondeur ? » Je lui explique que je ne peux affirmer à 100 % la véracité de mes chiffres, mais s'il y a une chose dont je suis sûr, c'est bien de la présence d'un

passage d'eau. Un grand silence s'instaure alors : l'ingénieur tapote son stylo sur le bureau, appelle le président du groupe et lui fait part de ma découverte.
La réponse tombe comme un couperet, immédiate et sans appel : « D'accord, le président donne son feu vert et demande que vous fassiez le nécessaire rapidement auprès d'une société de forages pour avoir un devis et une date d'intervention. Personnellement, je ne vous cache pas que j'ai de sérieux doutes… tant au niveau du lieu que de la profondeur… »
Piqué au vif, je lui rétorque que, selon mon habitude, je dis toujours en mon âme et conscience ce que je « sens » : c'est ma façon de travailler et, au risque de me tromper, je ne vais jamais dans le sens de ce que le client souhaite entendre.
Deux semaines plus tard, la société de forages m'informe qu'elle interviendra sous une huitaine de jours. À cette occasion, le client a demandé à TF1 de venir visiter les nouvelles installations et de filmer le forage.
Comme je le fais à chaque fois, j'arrive une heure avant le foreur, refais ma recherche sur l'endroit dessiné par moi sur le sol : un petit rond de 20 cm de diamètre en peinture bleue, sur lequel sera disposé le trépan qui va dévorer avidement le sol…
Le camion arrive, imposant, avec ses six roues, ses neuf mètres de long, ses vingt-huit tonnes : il se place au-dessus de mon tracé. Ces moments-là sont intenses pour le sourcier, car il sait qu'il ne peut plus changer l'endroit, ni différer le moment du forage. À chaque fois, cela me fait penser au compte à rebours du lancement d'une fusée à Cap Canaveral ! Mon interlocuteur me regarde du coin de l'œil et me dit à la volée : « Ça va être l'instant de vérité ! »
Le forage commence et je sais qu'il ne s'arrêtera plus jusqu'au moment du jaillissement de l'eau ou de l'échec. Comme je le fais toujours, je me mets à la droite du ▶

foreur, à environ quatre ou cinq mètres en retrait, et je guette les sédiments qui sortent du sol sous la forme de poussière et de petits cailloux. De temps en temps, je les ramasse, les examine, les lave, regarde leur grain, leur texture, leur nature afin de voir s'ils correspondent à mes prévisions géologiques. Jusqu'ici rien de bien déterminant, si ce n'est que la nature des roches est bien celle que j'attendais, ce qui apaise grandement mon stress. Nous sommes maintenant à la cote moins 108 mètres, lorsque l'équipe de TF1 arrive pour faire son reportage qui doit être diffusé quelques jours plus tard, au journal télévisé de treize heures. Tout cela n'est pas fait pour calmer mes angoisses car mon cœur bat de plus en plus vite et fort dans ma poitrine.

Le trépan, dans sa ronde infernale, continue de descendre dans le sol et, tel un volcan, recrache pierres et poussières dans un souffle puissant vers le haut du mât de forage. Soudain, j'observe qu'il se produit ce que nous appelons un changement de sol : en effet, lorsque le trépan quitte une géologie pour entrer dans une autre, le sol change de couleurs et de texture et le trépan tressaute légèrement. Je connais bien ces signes : ils sont souvent annonciateurs d'une arrivée de l'eau. Est-ce une fausse alerte ?

Je m'approche du foreur et lui demande ses impressions : il me confirme qu'il vient d'entrer dans une faille profonde, qu'il est actuellement à moins 127 mètres et qu'il pense que l'eau ne devrait pas être très loin... Comme j'aimerais partager son enthousiasme.

Soudain, arrivé à la cote moins 138 mètres, la poussière disparaît, se transforme en brume humide, de petites boulettes de boue sortent et roulent sur le sol, le bruit de la foreuse change : elle gronde, elle souffle... Tels des joueurs autour d'une table de jeu au casino, le foreur et moi avons les yeux rivés sur la sortie du tube où tourne le trépan. Nous ne nous parlons plus : chacun attend, anxieux, cette eau tant désirée.

▶

Mentalement, je prononce ma fourchette de profondeur à forer, comme pour conjurer le sort : 125-150 mètres. Or nous sommes actuellement à 138 mètres. Alors que je suis dans mes pensées, dans mon stress, l'eau arrive, brutalement, généreuse, bouillonnante et monte à l'assaut du mât de la foreuse à plus de huit mètres de hauteur. Nous sommes trempés et sales, mais peu importe : l'eau est là. La bataille est gagnée !
Ces moments sont uniques, palpitants et gratifiants, car ils confirment le bien-fondé et l'honnêteté de votre travail de sourcier. Le foreur, comme il le fait toujours, poursuit le forage dix mètres plus bas, de façon à bien entrer dans la faille d'eau et à assurer un débit régulier. Mais dans notre fascination, le foreur et moi avons oublié tout simplement de prévenir le client et l'équipe de TF1 qui sont à l'intérieur des bâtiments. Je me précipite vers eux et les préviens de l'arrivée de l'eau : chacun me regarde comme si je voulais leur faire une mauvaise blague.
La petite troupe se dirige en courant vers la foreuse et assiste effectivement au jaillissement de ce splendide geyser d'eau boueuse, qui continue de monter dans le ciel bleu. Le forage terminé, on affiche le résultat final suivant : profondeur de 143 mètres et débit de 10 mètres cubes à l'heure. Mes prévisions étaient presque parfaites, puisque j'avais annoncé au client une profondeur de 125 à 150 mètres pour un débit de 9 à 12 mètres cubes à l'heure.
L'équipe de reportage filme cet instant, puis interviewe les responsables de la déchetterie, le foreur et moi. On me demande comment j'ai procédé pour trouver l'eau à cet endroit : j'explique ma méthode de travail et montre mes outils de prospection, dont mon pendule personnel qui ne m'avait pas trahi.
Mon interlocuteur vient vers moi et me dit, beau perdant : « Chapeau ! Entre nous, je ne croyais pas beau-

coup à vos prévisions. Pardonnez mon scepticisme lors de notre première rencontre, mais vous savez, je suis de formation scientifique et j'ai un peu de mal à être confronté à des méthodes empiriques comme les vôtres ! »
Quelques jours plus tard, au journal de 13 heures sur TF1, j'ai eu le plaisir de revivre ces moments d'anxiété : Jean-Pierre Pernaut, le présentateur, n'aurait pu imaginer que ce jour-là fut, pour moi, une sorte de « Jour le plus long ! ».
Lorsque l'eau est arrivée, j'ai pensé à mon fidèle pendule, le serrant encore dans ma main, le considérant comme une personne, comme un ami. Je crois que si j'avais osé, je l'aurais embrassé !

CHAPITRE 15

Les autres applications de la radiesthésie dans votre vie quotidienne

Les limites de la radiesthésie

Au préalable, il convient de fixer les limites de la radiesthésie. Certains auraient tendance à faire croire que la radiesthésie peut tout faire, tout trouver, tout résoudre. Elle devient l'arme absolue et sa polyvalence ne semble pas avoir de limites.

La radiesthésie, comme dans beaucoup d'autres disciplines, peut être pratiquée par des gens sérieux, compétents, mais aussi par d'autres qui le sont moins ou ne le sont pas du tout. Quant aux méthodes à utiliser, elles sont nombreuses. Qui peut affirmer que telle méthode est supérieure à telle autre ? Parfois, c'est une méthode parmi d'autres qui semble réussir à une grande majorité de gens, probablement parce qu'elle est plus simple, plus clairement expliquée. Et il faut prendre en compte les dispositions et la sensibilité de chacun face à l'acte radiesthésique. Bref, comme je le répète très souvent, il n'y a que les résultats qui comptent : peu importent la méthode ou les moyens utilisés !

On voit souvent, dans la presse notamment, une floraison de méthodes radiesthésiques miraculeuses qui laissent

croire que l'on peut gagner à tous les jeux de hasard. Comme le l'ai déjà dit, toutes ces offres relèvent, hélas, trop souvent de la supercherie, voire de l'escroquerie. Si tout cela était exact, tous les bons radiesthésistes devraient être immensément riches et ce serait la ruine des sociétés de jeux de hasard ! Or, il n'en est rien : les enjeux sont de plus en plus importants et les sociétés qui les organisent sont de plus en plus prospères.
On peut rappeler que la radiesthésie n'est véritablement efficace que dans le cas des recherches précises : celles touchant le présent, le passé, les choses cachées ou perdues, ayant eu une existence bien réelle. Ces recherches s'appuient sur des faits précis, des événements avérés, avec des plans, des photographies, des objets : tout un ensemble d'éléments à partir desquels l'opérateur travaille, réfléchit, dissèque, compare, mesure et avance prudemment. La radiesthésie est difficilement applicable pour des problèmes touchant à l'avenir ou aux probabilités d'événements relevant du futur, car elle perd alors tous ses moyens logiques de recherches.

La radiesthésie et les jeux de hasard

Voilà bien un sujet à controverse qui surprend, trouble et heurte. Comment peut-on faire croire à des milliers de gens qu'avec un pendule on peut gagner au Loto, au tiercé et à d'autres jeux de hasard ?
Il est important de rappeler cette logique sur laquelle repose la radiesthésie : un radiesthésiste ne peut entreprendre une recherche qu'à partir d'éléments réels connus de lui, attestés par des tiers, ou à partir de faits qui se sont réellement déroulés. Tous ces éléments relèvent de deux facteurs relatifs au temps : le passé ou le présent. C'est toujours à partir de faits avérés qu'une recherche peut s'engager dans de bonnes conditions.

C'est la loi du genre en radiesthésie et elle me paraît incontournable. Le radiesthésiste, s'il veut chercher les numéros gagnants d'un jeu de hasard, est donc obligé de travailler sur l'avenir, puisque le tirage qu'il est chargé de découvrir ne s'est pas encore déroulé. Les numéros gagnants ne seront connus qu'après leur tirage, et s'ils devaient être trouvés grâce au pendule, ce ne serait que par le pur fruit du hasard. Cet acte relève bien du facteur-temps « avenir » et non de celui du passé. C'est ce qui explique les échecs répétés dans ce genre de recherches.
En effet, le radiesthésiste travaille dans le virtuel, car il est en face d'événements qui ne sont pas encore déroulés au moment où sa recherche commence… L'inconscient de l'opérateur ne dispose alors d'aucun point de repère et ne peut appliquer des conventions mentales qui, de toute façon, seront inopérantes puisqu'elles ne reposent sur aucun critère solide.
Beaucoup de radiesthésistes sont conscients que la recherche de numéros gagnants au Loto ou au tiercé, déterminés avec un pendule, relève du pur hasard.
Enfin, il est prouvé que la probabilité de gagner le gros lot du Loto est d'une chance sur près de quatorze millions ! Ce qui revient à dire qu'il existe presque quatorze millions de combinaisons possibles pour tenter de décrocher le pactole. On imagine mal notre radiesthésiste essayer de passer en revue chacune d'elles pour trouver, avec son pendule, celle qui fera de lui un homme riche…
En conclusion, considérez la pratique des jeux de hasard avec un pendule comme un amusement ou un passe-temps, mais en aucun cas comme un moyen pour devenir riche à tous les coups. Face à cette statistique écrasante, c'est donc bien le hasard, seul, qui décide. Laissez-le faire, il sera sans doute plus efficace, s'il veut bien vous toucher de sa grâce !

Témoignage

Ma participation à un jeu de hasard, en direct, dans un magasin

En septembre 2003, près de Cannes, a lieu un comice agricole auquel j'assiste, organisé par une grande jardinerie. Dans le cadre des animations, il est demandé au public présent de deviner le poids exact d'une corbeille en osier contenant divers produits : petits outils de jardinage, graines, plantes, pots... Ce panier a été préalablement pesé dans le bureau du directeur du magasin, à l'abri des regards indiscrets, bien sûr. Le client qui se rapprochera le plus du poids exact gagnera ladite corbeille garnie.

Mon épouse, présente ce jour-là, me demande si je serais capable de trouver rapidement la bonne réponse, car les résultats vont être donnés dans moins d'une heure. J'ai devant moi le panier et je tente d'établir une fourchette de poids possible, d'après l'aspect et le volume.

Piqué au vif, je m'assois dans un coin à l'écart et je dessine sur une feuille de papier, arrachée à mon carnet, un petit cadran de recherches portant des graduations de poids allant de zéro à douze kilos, poids maximum que j'ai estimé visuellement, ainsi que les poids intermédiaires par tranches de cinq cents grammes.

Pendule en main, je pose ma convention mentale : « Je désire être sensible au poids total de la corbeille contenant les divers produits ». Et sous l'œil amusé de nombreux clients, je me concentre et lance vigoureusement mon pendule au-dessus du cadran, posé sur mes genoux. Le pendule se dirige immédiatement vers le chiffre 8, puis vers le 9 et semble hésiter, pour finalement se stabiliser sur le résultat suivant : 8 kg et 600 grammes.

Je donne le résultat à mon épouse qui valide et dépose son bulletin dans une urne réservée à cet effet, et nous attendons le résultat, sans trop croire au miracle.
Arrive le moment du dépouillement. Nombre de participants : 42, poids du panier pesé devant tous les témoins : 8 kg et 450 grammes !
L'animateur, après avoir étudié tous les bulletins, constate que le plus proche de la bonne réponse est celui de mon épouse ! Je ne suis qu'à 150 grammes du poids réel. Je dois dire que, ce jour-là, je me suis fait tout petit dans les rayons… Et si, un jour, le directeur du magasin apprend, par ce livre, comment j'ai forcé un peu le destin, qu'il me pardonne.
Que faut-il retenir de cette expérience ? Étions-nous vraiment dans un jeu de hasard ou non ? Je répondrai non, parce que ce jeu, contrairement au Loto ou autres loteries, ne faisait pas appel à des milliers de combinaisons chiffrées. Je n'opérais pas dans le « virtuel » ni face à des millions d'hypothèses possibles. J'avais devant moi tous les éléments du lot qui allait être gagné : son apparence, son volume, son contenu. Ce qui laissait place à quelques déductions de poids possibles, d'où l'idée de me confectionner un petit cadran allant de zéro à douze kilogrammes. Mon estimation reposait sur la logique et le bon sens. Des choses bien concrètes, des éléments précis, qui allaient faciliter ma réflexion et me permettre de bien décomposer le problème : le volume du panier, puis les éléments contenus à l'intérieur. D'évidence, je n'étais plus dans la situation des probabilités du Loto, à savoir une chance sur quatorze millions !
Voilà le genre de petit exercice simple et amusant que vous pouvez faire, si la passion de ce genre de jeux faciles vous tente.

L'existence d'ondes, dites nocives

Voilà encore un sujet aussi passionné que celui des jeux de hasard. Les ondes nocives : un terme vaste et vague à la fois.

Fréquemment, de nombreux « spécialistes » offrent leurs services pour « anéantir » ou pour « détourner » des ondes dites nocives. Et à y regarder de plus près, on a la nette impression que cette appellation ressemble à un grand sac fourre-tout, où chacun y trouve ce qu'il cherche...

Régulièrement, on annonce de nouvelles théories, reposant sur de mystérieux réseaux parcourant le sous-sol, les uns contredisant les autres ou les complétant. Certains de ces réseaux feraient tomber les cheveux, d'autres provoqueraient des cancers à la chaîne, pendant que d'autres encore déclencheraient des anémies.

Face à un tel déluge d'agressions telluriques, comment peut-on vivre heureux dans ces conditions, à moins d'être franchement téméraire ?

À défaut d'expérimentations scientifiques rigoureuses prouvant l'existence et les effets de ces ondes nocives, il est permis d'admettre, à l'heure actuelle, que toutes ces approches relèvent bien souvent de l'empirisme.

Je ne nie pas l'existence de zones où certains « rayonnements » (appelons-les comme cela) peuvent engendrer quelques effets bien réels sur le bien-être : les terrains fortement humides, certains sous-sols géologiques générant des gaz très nocifs comme le radon, la proximité de lignes à haute tension, la présence de relais de téléphones mobiles à haute fréquence, la mauvaise orientation géographique du lit perturbant le sommeil, le passage d'une veine d'eau sous la chambre produisant un effet d'électro-filtration ou encore des emplacements d'anciennes décharges recélant des produits toxiques.

Face à ces situations bien spécifiques, certaines personnes ressentent effectivement un mal-être physique. Mais concernant ces ondes nocives mal définies et bapti-

sées comme telles, aux origines inconnues, jamais confirmées par les milieux scientifiques, on est en droit d'imaginer, de la part de ceux qui en souffrent, un effet purement suggestif. Chaque individu est différent, et selon sa physiologie, son mental, ne réagit pas de la même façon dans une situation donnée. Par exemple, dans les maisons dites « à cancer », on trouve les personnes qui y ont vécu auparavant, sans jamais avoir souffert de ce mal.
De quelles ondes s'agit-il exactement ? Les a-t-on réellement étudiées par des méthodes rigoureuses, puis classées par statistiques comparatives ? Depuis des décennies que l'on en parle, a-t-on essayé de dresser un inventaire précis de leur existence, permettant d'établir les effets néfastes engendrés par ces fameuses radiations nocives ?
A-t-on essayé de relever leurs endroits de prédilection, leurs caractéristiques, leurs effets réels ou supposés sur les objets, les humains ou les animaux, la nature et la construction des bâtiments, la ou les régions où elles se manifestent le plus, l'orientation des lieux concernés ?
A-t-on étudié les individus qui en souffrent, permettant de déterminer s'il y a causalité entre leurs malaises et leur état physiologique : hygiène de vie, maladies héréditaires, troubles psychiques… ?
Combien de fois ai-je entendu des amis me dire avoir fait appel à des « spécialistes » qui leur avaient demandé de petites fortunes pour détourner des ondes néfastes, ondes qui gâchaient leurs nuits et les menaçaient des pires maladies.
Dernièrement, l'un de ces praticiens affirmait même qu'il captait ces ondes, les « détournait et les chassait » !
Face à de telles affirmations (qui ne reposent sur rien de concret), force est de penser que ces « spécialistes » évoluent dans l'empirisme le plus total et entretiennent les théories les plus extravagantes.

Je voudrais illustrer mon propos par deux anecdotes, qui sont rigoureusement authentiques.

L'étrange disperseur d'ondes nocives

En mai 2000, j'ai participé, à la demande d'un groupement d'élèves ingénieurs de l'École Centrale de Lyon, à une étude sur les techniques de détection des champs électromagnétiques terrestres par les sourciers, étude finalisée par des analyses scientifiques. À la suite de cette étude étaient apparues des informations fortement intéressantes, consignées dans un rapport.

Et, à cette occasion, j'avais apporté volontairement un « disperseur » d'ondes nocives vendu dans le commerce et se présentant sous la forme d'une prise électrique mâle, ressemblant à une prise tout à fait normale.

Ce disperseur se plaçait dans une prise électrique de la maison et, par son action, était censé annuler tous les effets électromagnétiques présents ! Poussé par une légitime curiosité ce jour-là, nous l'avons démonté et expertisé dans le laboratoire de physique de l'École Centrale. Cet objet miraculeux était, en réalité, composé d'une simple prise de courant mâle avec, à l'intérieur, une pierre dite « spéciale » de couleur vert émeraude, reliée par un fil à la terre de maison !

À notre grande surprise, le fil qui devait établir le contact entre la pierre magique et la prise de terre de la maison n'était même pas relié à la broche de la prise de terre de ladite prise ! Il ne pouvait donc y avoir effet de captation, encore moins propagation, puisque le circuit était totalement coupé !

Quant à la fameuse pierre « spéciale », après l'avoir extraite, on s'est aperçu qu'elle était non minérale : c'était du vulgaire plastique teinté dans sa masse, générant, il est vrai, des couleurs irisées du plus bel effet !

Des pendules vieillis dans une grotte chargée d'ondes vibratoires !

Le fin du fin, en matière d'escroquerie dans le domaine de la radiesthésie, est la publicité que je reçois un jour : elle dépasse l'entendement !

Un fabricant de pendules du sud de la France affirme, dans son dépliant, que ses pendules sont tous fabriqués à la main, dans des matières « ultra vibratoires » donnant des résultats stupéfiants et permettant, notamment, de chasser les ondes nocives des lieux qu'elles polluent ! Il est, de plus, précisé : « J'ai même gagné au Loto grâce à ce merveilleux pendule ».

Et pour appâter le candidat radiesthésiste, acheteur potentiel, cet ultime argument : « Avant d'être vendus, nos pendules sont "vieillis" dans une grotte, elle-même réputée chargée d'ondes vibratoires ». Ce séjour souterrain aurait donc la faculté de leur conférer des qualités vibratoires exceptionnelles : ainsi, comme le vin, les pendules se bonifieraient avec le temps, dans le calme et la pénombre de lieux séculaires !

Action sur des personnes fragiles ou stressées

Face à des personnes fragilisées, des « spécialistes » font parfois naître des sentiments de peur, d'inquiétude en utilisant un langage codé, souvent hermétique destiné à les impressionner.

En réalité, il s'agit d'autosuggestion. Tout bon radiesthésiste utilise d'ailleurs couramment, sur lui-même, ces méthodes d'autosuggestion, pour mieux se conditionner avant une recherche.

Les termes utilisés, comme ceux de rayons et d'ondes nocives détectés au pendule, apparaissent comme de redoutables prédateurs de la santé aux yeux des personnes fragiles. Autant d'images fortes qui favorisent leur angoisse, par le fait que ces ondes sont invisibles et que ces personnes y sont exposées en permanence.

Les ondes dites nocives peuvent l'être aussi pour les porte-monnaie

Je tiens à répéter que je ne nie pas l'existence de certains phénomènes identifiés et connus, mais je mets en doute l'existence de ces ondes dites nocives, ainsi que les méthodes utilisées pour les combattre et les éliminer.

J'ai décidé d'être caustique en abordant ce sujet, car des praticiens peu scrupuleux utilisent des théories imaginaires pour s'assurer de confortables honoraires auprès de personnes crédules ou fragiles. Ces praticiens jouent sur le registre facile des choses que l'on ne voit jamais et dont on n'a jamais fait apparaître scientifiquement la preuve. Ils prétendent améliorer considérablement la vie des autres en détournant ces soi-disant ondes, à l'aide de dispositifs aussi savants que mystérieux.

Si l'on veut se donner la peine de réfléchir, comparons deux méthodes : celle du sourcier et celle d'un de ces spécialistes. Apparaît immédiatement une différence fondamentale de sérieux et de réalisme.

Le sourcier est jugé sur des résultats bien concrets : l'eau sera ou ne sera pas au rendez-vous le jour du forage, à l'endroit indiqué dans la propriété, à la profondeur et avec le débit précisé par lui. Tel le maçon, il sera immédiatement jugé au pied du mur. L'eau jaillira du sol, à la plus grande satisfaction de son propriétaire.

Quant à notre « spécialiste des ondes », comment peut-il affirmer la garantie de bonne fin de son travail ? En vérité, son client ne saura jamais si les honoraires demandés, souvent élevés, correspondent à une réelle efficacité. Le seul jugement possible reposera sur la subjectivité, un élément d'appréciation bien fragile.

La naissance d'une nouvelle science : la géobiologie

Il existe cependant des praticiens discrets, efficaces, issus d'une formation reposant sur le bon sens, l'observation et la logique, qui traitent les désagréments dus, bien souvent, à la présence de champs électromagné-

tiques. Les Chinois ont découvert, bien avant nos civilisations occidentales, un art de vivre appelé Feng Shui, qui repose essentiellement sur une façon harmonieuse de vivre, en choisissant son décor, ses couleurs, son environnement. En fait, rien de bien mystérieux dans tout cela, uniquement du bon sens, de la mesure et de la logique, dont j'approuve pleinement le raisonnement.
Cela étant, il est incontestable que certains secteurs, relativement délimités, peuvent apporter quelques préjudices aux gens, aux plantes ou encore aux animaux. Mais, là encore, ce raisonnement est mis à mal par des exemples prouvant magistralement le contraire. Comment se fait-il que des personnes différentes réagissent de façon opposée, en séjournant pourtant dans le même endroit ? Dans une même maison, elles peuvent avoir des réactions totalement divergentes : l'une ressentira des malaises, alors que l'autre y vivra totalement épanouie. Il semble que tous les individus ne soient pas dotés de la même sensibilité, de la même psychologie ou de la même fragilité. Ces ondes nocives n'auraient donc pas les mêmes effets sur l'ensemble d'une population, qui serait pourtant en droit de les craindre.
Bien souvent ces fameuses ondes nocives sont, en réalité, la résultante de phénomènes d'origine souterraine ou aérienne parfaitement identifiés.
Depuis de nombreuses années, une nouvelle science essaye de comprendre les rapports et les effets qui peuvent exister entre l'homme, la nature et les éléments telluriques. Cette science a pour nom la géobiologie, de « géo » = terre, et « bio » = vie.
On peut considérer que les sourciers des temps anciens étaient déjà, sans le savoir, des précurseurs de la géobiologie. Car ils déterminaient les passages d'eau, les passages de fractures géologiques importantes, les zones perturbées par des champs magnétiques (ceux-là bien réels), où il n'était pas recommandé de bâtir une maison.

Des exploitations agricoles ont eu à souffrir de ces phénomènes, en voyant leurs troupeaux péricliter.

Les champs électromagnétiques souterrains
Abandonnons cette appellation erronée d'ondes nocives, pour orienter notre raisonnement vers des phénomènes dont l'origine est provoquée par le sous-sol. Ils sont générés par l'association de plusieurs éléments.
Les grandes failles géologiques, qu'elles soient humides, sèches ou traversées par des cours d'eau, produisent des champs magnétiques qui ont été mesurés. Le passage d'une rivière souterraine produit un faible champ électromagnétique continu (appelé « effet de Quincke ») par l'action du frottement de l'eau sur les masses minérales. C'est le phénomène d'électrofiltration, dont parle le célèbre physicien Yves Rocard qui s'est intéressé à la sensibilité des sourciers.
Certaines roches d'origine granitique et métamorphique peuvent aussi générer des faibles émissions radioactives : ainsi, dans le massif de l'Esterel, on trouve encore la trace d'exploitations de minerai d'uranium.
Par ailleurs, certaines failles peuvent émettre un gaz dangereux, incolore et inodore : le radon, gaz plus ou moins radioactif.
Enfin, la presse relate parfois que, dans des lotissements, les habitants ressentent des malaises précis : maux de tête, indisposition gastrique... On s'aperçoit alors que ceux-ci vivent, en réalité, sur un ancien dépôt de matières chimiques enfouies depuis des années !

Les champs magnétiques aériens
Les plus connus sont les lignes à haute tension passant au-dessus des habitations. Force est de constater que les personnes, séjournant dessous, sont sujettes à de très nombreux problèmes de santé. À titre d'exemple, on peut retenir qu'une ligne à haute tension de 100 000 volts dégage un champ électromagnétique à plus de cent

mètres de distance… Et y être exposé en quasi-permanence est nocif pour la santé.
Il y a aussi les fameuses antennes et relais téléphoniques dont on nous dit qu'ils ne génèrent aucun danger particulier, alors que ce danger pourrait être dû à leur rayonnement puissant. Pourtant, il est fréquent de voir des usagers demander le démontage de telles installations, par mesure de précaution. Quant au danger d'une utilisation prolongée du téléphone portable, on ne possède pas encore, semble-t-il, le recul nécessaire pour juger s'il existe un danger éventuel. Mais on s'interroge sérieusement.

La détection, au pendule, des zones de perturbations dans une maison

Il est toujours intéressant de vérifier si des zones particulières sont susceptibles de perturber votre qualité de vie, avec l'utilisation d'un plan et de votre pendule.
Pour ce faire, la radiesthésie peut se pratiquer de trois façons.

a) Par interrogation mentale avec le pendule disposé au-dessus du plan de chaque pièce

Prenez le plan général de votre maison représentant la cellule habitable, disposez votre pendule au-dessus et posez cette convention mentale simple : « Je désire être sensible à la présence de zones de perturbations d'origine magnétique, pouvant altérer ma qualité de vie, dans la surface définie par le plan. Y a-t-il ce type de perturbations ? »
Si votre pendule confirme la réponse OUI par des rotations horaires, il vous faut à présent chercher pièce par pièce, laquelle est traversée par ces zones perturbatrices.
Pendule au-dessus de la représentation graphique de chaque pièce, posez la question : « Le SALON est-il affecté par ces perturbations ? », « La CHAMBRE est-

elle affectée par ces perturbations ? » Si la réponse OUI est obtenue sur la chambre, prenez votre pendule et passez-le sur chacun des quatre côtés du dessin représentant la pièce, en formulant cette convention mentale : « Mon pendule tournera lorsqu'il entrera et sortira d'une ligne de force ». Vous verrez alors se dessiner une bande précise, partant d'un coin de la pièce pour se diriger vers un autre.

b) Par interrogation mentale en utilisant la méthode des bulles
Ici on retrouve notre méthode des bulles, ces petits ovales contenant chacun une indication précise permettant d'opérer par élimination.
Dessinez autant de bulles qu'il y aura de questions dont il vous faudra obtenir une réponse.
Exemple :
Bulle n° 1 : y a-t-il présence de perturbations d'origine magnétique dans ma maison ?
Bulle n° 2 : y a-t-il présence de perturbation d'origine magnétique dans la chambre ?
Bulle n° 3 : y a-t-il présence de perturbation d'origine magnétique dans le salon ?
Et ainsi de suite.
Si votre pendule réagit positivement sur la bulle intéressant le salon, vous devez alors compléter et affiner votre recherche en travaillant avec la méthode (c).

c) Par interrogation mentale, pour déterminer l'origine des perturbations
Vous devez travailler avec un cadran de 180° mentionnant le nom de chaque type de perturbation, par des cases bien distinctes.
Exemple :
Propagation par voie souterraine : faille souterraine, passage de rivière souterraine, faille sèche, faille humide.

Propagation par voie aérienne : ligne à haute tension, relais de télévision, relais de téléphone, transformateur électrique proche.

Disposez votre pendule au point central du cadran et lancez-le en rotations tout en prononçant votre convention mentale : « Je désire être sensible à l'origine de la perturbation passant dans la chambre et susceptible d'altérer ma qualité de vie ».
Votre pendule va alors quitter ses rotations pour entrer en balancements, qui vont le faire se diriger vers une case bien précise. Par exemple, la case portant la mention : « Passage de rivière souterraine ». Face à cette éventualité, demandez confirmation par la question : « Y a-t-il vraiment un passage d'eau souterrain sous ma chambre ? »
Si vous obtenez la réponse OUI, faites alors venir un spécialiste compétent qui vous proposera des solutions simples et pratiques, vous permettant de ne plus être incommodé par ces perturbations magnétiques.

La recherche de trésors
Voilà un sujet qui fait rêver les candidats chercheurs de trésors... car la seule évocation du mot « trésor » est tellement forte qu'elle fait parfois chavirer les esprits et provoque des désillusions.
Les déceptions et les échecs qui s'ensuivent sont, dans la majorité des cas, dus à une mauvaise préparation ou à une méthode brouillonne et précipitée. Cela étant, ce type de recherche n'est pas évident pour un débutant, car son cheminement est complexe et demande des méthodes d'approches spécifiques.

Le terme de trésor : un mot fourre-tout
Posez la question à différentes personnes et demandez-leur ce qu'est, à leurs yeux, un trésor... Vous allez être étonné par le nombre de définitions qu'elles vont vous donner !
Pour certains, un trésor c'est avant tout des pièces d'or,

pour d'autres des bijoux, des objets anciens, des lingots, des tableaux de maîtres : la liste ainsi obtenue peut être très longue.
Là encore, la radiesthésie nous oblige à réfléchir et à reposer la question principale : « Y a-t-il vraiment un trésor dans cette maison ? », « De quel type de trésor s'agit-il ? », « De quoi est-il composé ? », « De quels éléments solides dispose-t-on pour commencer la recherche ? »
Rappelons-nous ce bon vieux conseil : posons les bonnes questions pour trouver les bonnes réponses.

La nécessité d'une recherche historique préalable
La presse fait souvent état de la découverte de pièces d'or dissimulées dans le mur d'une vieille maison que l'on vient d'abattre. C'est la preuve qu'il existe encore quelques intéressantes découvertes à faire. Avis aux amateurs.
Autre règle générale : on ne peut trouver un trésor que s'il existe vraiment, et bien souvent il s'agit plus d'un petit « magot » que d'un véritable trésor.
Alors, trésor ou pas trésor ? C'est à cette question qu'il faut essayer de trouver une ou plusieurs réponses avant d'entamer une recherche sur le terrain.
Vous devez, au préalable, recueillir le maximum d'éléments susceptibles de vous mettre sur une piste sérieuse. D'abord, d'où vient cette information ? Qui vous l'a communiquée et pourquoi ?
La collecte d'écrits, de témoignages et d'indices précis va vous conforter dans l'idée de faire la recherche ou pas. De la conclusion et de la qualité des éléments obtenus, va dépendre votre décision. Cette collecte, au fil des jours, va très vite ressembler à un jeu de pistes ! Méfiez-vous surtout des informations du genre : « J'ai entendu parler », « Il paraîtrait que » ou « On a toujours dit que » ou encore « Je suis quasiment certain que dans cette ruine, il y a un trésor ».

Lorsque la télévision montre des trésors récupérés dans des galions coulés il y a plusieurs siècles en mer des Caraïbes, il y a derrière ces images spectaculaires toute une préparation minutieuse et une recherche historique qui ont été faites par des spécialistes s'intéressant à la marine de cette époque.
Ces coûteuses récupérations sont effectuées par des sociétés très spécialisées qui ne peuvent investir à la légère, sans avoir de fortes chances de réussir. De plus, ces recherches ne sont pas organisées au hasard : elles s'orientent en priorité vers des goélettes ou des galions préalablement répertoriés. Chacun de ces bateaux a été suivi historiquement par le biais du musée de la marine, des anciens rôles des ports d'embarquement et des témoignages d'époque. Peu à peu, se reconstitue l'histoire, souvent dramatique, de chaque bateau disparu.
Sur la base de données quasi certaines, ces chercheurs de trésors organisent, financent des expéditions et mettent des moyens techniques considérables pour rechercher cette manne sous-marine. Ces expéditions sont, on s'en doute, aussi lointaines que coûteuses.
La loi du genre en recherche de trésors, c'est de savoir remonter les pistes et notre pauvre radiesthésiste n'échappe pas à cette règle impitoyable ! Avant de chasser le trésor, il faut donc chasser l'information !
Voici ce qu'il vous faut savoir.

Les principales caches de trésors
N'oubliez pas que la nature humaine aime dissimuler les trésors dans des endroits relativement classiques, portant des marquages.
Celui qui dissimule un trésor place souvent un repère qui résistera au temps, de façon à ce que lui-même ou des membres de sa famille puissent être aiguillés par ce signe, pour parvenir à mettre, enfin, la main sur le magot ! Mais ce n'est pas toujours le cas.

La nature de la cache peut varier avec le rang social : les gens cultivés et aisés ont une préférence pour cacher des objets de forte valeur dans les murs de la maison, du jardin... À la Révolution, de nombreux trésors ont été dissimulés dans les murs et les voûtes des églises.
Les intellectuels ont une propension à cacher leur trésor en hauteur, plutôt dans les vides entre combles et toits.
Un classique de la cachette du paysan ou du bon père de famille est le manteau intérieur de la cheminée, une cache bien dissimulée aux regards.
Les vieux meubles, savamment aménagés, recèlent bien souvent des caches astucieuses : double-fond, faux tiroirs...
Et comment ne pas penser aux innombrables trésors mis en terre dans des boîtes, pots, jarres, avec cependant une particularité chez les nobles pourchassés au moment de la Révolution. Ils dissimulaient souvent leur trésor de famille au pied du plus grand arbre de leur propriété, celui-ci constituant un magnifique repère connu d'eux seuls !
Et pour terminer ce palmarès des caches, on oublie souvent les éléments naturels que sont l'eau et son environnement : les petits ruisseaux aux lits peu profonds, les puits, les fontaines, les départs de sources, étaient des repères à la fois isolés, discrets et efficaces.
On comprend ainsi qu'au travers de cet inventaire de caches, une recherche se prépare avec précision et minutie. Le pressentiment et le flair ne suffisent pas, sauf si le hasard ajoute sa petite touche personnelle.
Aussi, dans l'éventualité où vous disposeriez d'éléments fiables concernant un trésor, je propose une méthode pour espérer trouver des indices sérieux à l'aide de votre pendule.

À partir de ce schéma, toutes les combinaisons de caches sont possibles entre elles.

Caches les plus utilisées lors des recherches de trésors

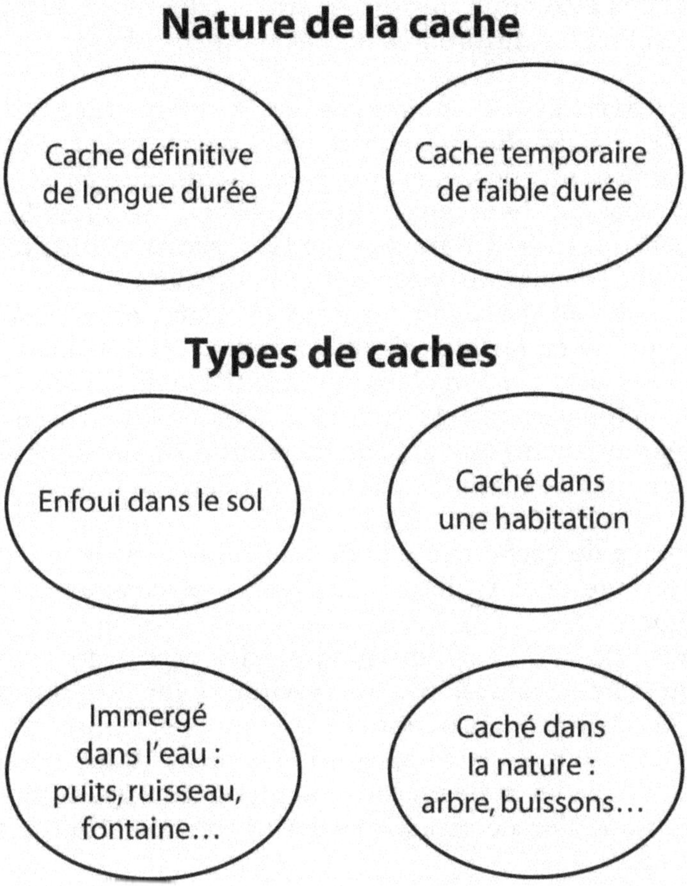

Utilisation d'une technique de recherche pour retrouver un trésor de famille
Ayant déjà participé à quelques recherches de ce type, souvent délicates et ardues, j'ai dû à cette occasion créer ma propre méthode d'investigations. Si ces recherches sont parfois longues, fastidieuses et apportent un taux

de réussite peu élevé, elles procurent cependant passion et joie.
Prenons l'exemple suivant, au travers duquel nous allons découvrir les différentes étapes de recherches.

Des héritiers sont persuadés de l'existence d'un « trésor » familial laissé par leurs parents disparus. Ce trésor serait encore, à l'heure actuelle, dissimulé dans une maison bourgeoise inhabitée en Saône-et-Loire, depuis mai 1942, date à laquelle l'occupant allemand a déporté les parents, pour faits de résistance.
Ceux-ci sont, hélas, morts dans un camp de concentration et, de ce fait, le trésor n'a jamais été retrouvé. Les enfants disposent d'éléments relativement précis, laissant à penser que le « trésor » est peut-être encore dissimulé dans cette maison de famille, ou dans ses alentours... Alors comment faut-il procéder ?

• Phase de recherche d'éléments confortant l'idée d'un trésor réellement dissimulé. Nature et composition du trésor.
Nous sommes au centre vital du problème, car la démarche consiste, par un véritable jeu de pistes, à rechercher des informations sérieuses, permettant d'établir la nature et la composition du trésor. Rappelons un vieil adage en radiesthésie : on ne peut trouver quelque chose que l'on ne connaît pas. Alors de quoi était fait ce trésor ?

• Recherches de preuves sérieuses auprès des ascendants demandeurs de la recherche. Obtenir des faits historiques avérés.
Au cours de l'entretien, plusieurs membres de cette famille précisent que le « trésor » est composé essentiellement de bijoux anciens, de pièces d'or et d'argent, de quelques lingots d'or. Afin de renforcer leurs explications, ils montrent notamment, photos en mains, l'exis-

tence de certains de ces bijoux portés, à l'époque, par leurs parents.
Le jardinier, témoin de l'arrestation opérée au petit matin, a confirmé en son temps qu'avant d'être emmené par les Allemands, le propriétaire a eu le temps de lui dire subrepticement qu'il avait caché bijoux et argent, mais sans préciser le lieu.
De l'entretien détaillé, il ressort que le trésor à rechercher serait composé de la façon suivante, composition attestée par d'autres membres de la famille.
Bijoux féminins : cinq bagues en or travaillé, six bagues en or avec pierres, quatre broches diverses, huit colliers or et argent, deux pendentifs or et émeraude, une collection de pièces de monnaies anciennes, ainsi que quatre lingots d'or, dont le double des bons d'achats a été retrouvé dans les papiers des disparus.
Bijoux masculins : une montre gousset en or et une en argent (boîtiers signés), une chevalière en or avec rubis.

• Recherche par téléradiesthésie dans la propriété. Modalités et matériel de recherche.
Les éléments indispensables pour commencer la recherche doivent obligatoirement être :
- un plan parcellaire de la propriété (plan cadastral),
- un plan détaillé de la maison,
- un jeu de photos de la maison en vue générale, du jardin et de chaque pièce intérieure,
- quelques photos des bijoux.

Grâce à ces éléments bien concrets, la recherche au pendule peut se mettre en place à partir d'hypothèses et de questions particulièrement orientées, vers les points suivants :

a) Personnes, faits et circonstances avérés
Identité des disparus. Date des faits. (tout ceci est-il exact ?).

b) Nature du contenant des valeurs
Les valeurs sont-elles contenues dans des boîtes en fer ? En bois ? Emballées dans de l'étoffe ?

c) Diverses localisations possibles des valeurs, dans la propriété
Dans ce genre de recherche, n'hésitez pas à utiliser la technique des questions inscrites dans des « bulles ». Elle permet de clarifier votre méthode de travail et de visualiser l'ensemble de la recherche, tel un organigramme parfaitement structuré.
Ces valeurs sont-elles regroupées ou séparées en plusieurs caches possibles ? OUI/NON.
Ces valeurs sont-elles toujours dans la propriété définie par ses limites cadastrales ? OUI/NON.
Dans la maison elle-même ? Dans le jardin ? Dans le sol ? Dans des bâtisses agricoles ? OUI/NON.
D'emblée, on constate que l'éventail des lieux de cachettes est très large, et que la recherche ne sera pas aisée.

Organigramme de recherche utilisé pour localiser un trésor de famille

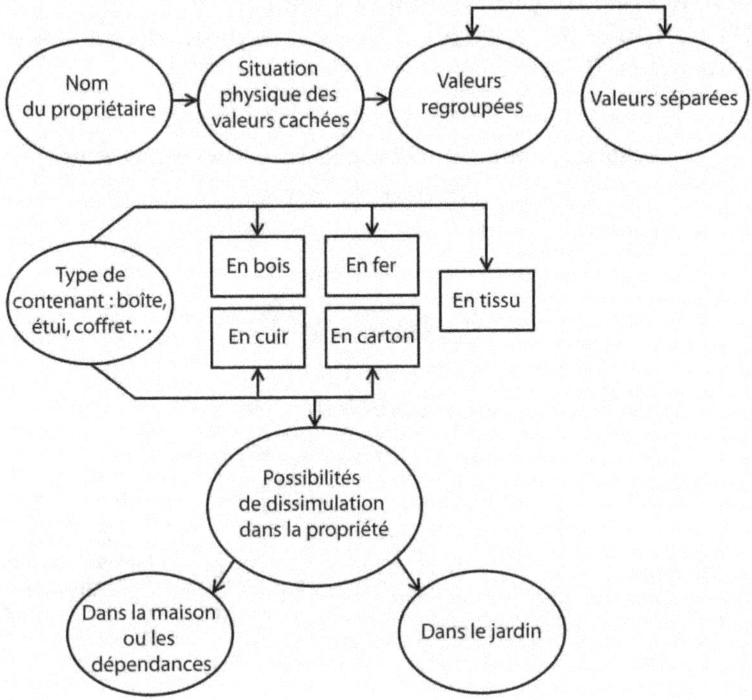

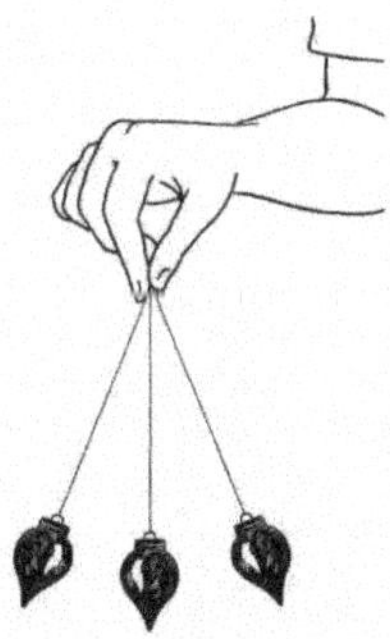

Phase 1 : première segmentation (chaque question doit être vérifiée au pendule, par le test de contrôle OUI/NON)

d) Segmentation des questions
Au niveau des recherches à effectuer dans le jardin
Les valeurs sont-elles enterrées dans le sol ? Au pied d'un arbre ? Au pied d'un mur ? Dans le mur d'enceinte ? Dans la bâtisse agricole ? Sous une dalle de l'allée du jardin ? OUI/NON.

Organigramme de recherche utilisé pour localiser un trésor de famille

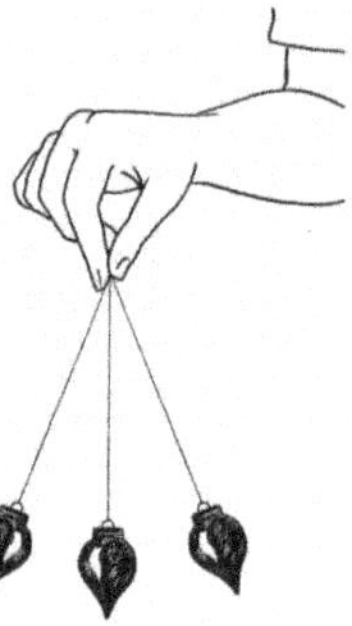

Phase 2 : segmentation des questions pour la recherche dans le jardin (chaque question doit être vérifiée au pendule, par le test de contrôle OUI/NON)

Au niveau des recherches à faire dans la maison
Questions à poser sur chaque pièce et par étage :
Les valeurs sont-elles cachées dans la maison ? OUI/NON ?
Si OUI, Dans la cuisine ? Le salon ? La salle à manger ? Les chambres un, deux, trois et quatre ? Ou les combles et le grenier ?
Au rez-de-chaussée : OUI/NON ?
Dans la cave, sous un tas de bois ? Dans le sol ? Dans les murs ?
Dans la cuisine ?
Dans le salon : dans les murs ? Sous le plancher en bois du sol ? Sous le manteau de la cheminée ? Sous les quatre marches d'accès ?
Faut-il rechercher au premier étage ? OUI/NON ?
Chambre un ? Dans les murs ? Le plancher ? Les meubles ?
On continuera ainsi d'énumérer toutes les possibilités offertes par ces lieux très différents.

Organigramme de recherche
utilisé pour localiser un trésor de famille ▶
(page suivante)

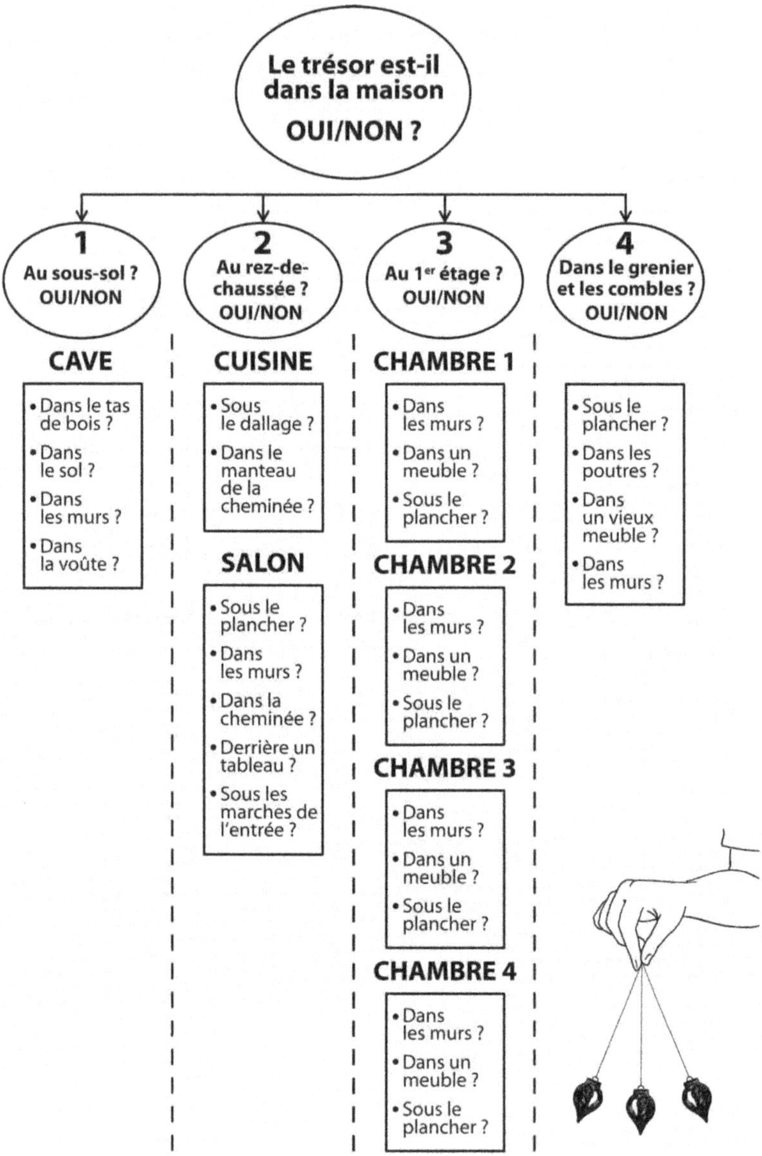

Phase 3 : segmentation des questions pour la recherche dans la maison (chaque question doit être vérifiée au pendule, par le test de contrôle OUI/NON)

Départ de la recherche
Ce type de recherche est, en fait, un excellent exercice, car il fait intervenir différentes techniques pendulaires. Placez votre pendule au-dessus de la photo agrandie d'un ou de plusieurs bijoux. Puis inscrivez dans deux bulles séparées, sur une feuille de papier, les mentions suivantes :
Bulle 1 : « Recherche de bijoux et valeurs ayant appartenus à monsieur et madame Martinot ».
Bulle 2 : « Je désire être sensible à la recherche des précieux objets appartenant aux époux Martinot. Dois-je entreprendre cette recherche ? » OUI/NON.
C'est votre orientation mentale.
Si la réponse obtenue est OUI, vous pouvez effectivement commencer cette recherche.
Poursuivez avec cette convention mentale : « Je désire être sensible à la présence des valeurs de monsieur Martinot. Celles-ci sont-elles dans le jardin ? » OUI/NON ? Dans la maison ? OUI/NON ?

Ainsi, au cours de la recherche, vous allez énumérer et vérifier toutes les hypothèses possibles, qu'il faudra ensuite aller valider sur les lieux détectés grâce à votre pendule. Ce sera alors l'heure de vérité ultime de votre recherche.
Au risque d'ennuyer le lecteur avec des explications répétitives qui pourraient paraître fastidieuses, nous ne développerons volontairement pas cette recherche jusqu'à son terme. Si nous avons choisi l'exemple de cette recherche, c'est pour faire prendre conscience au lecteur que le principe d'une recherche est toujours le même.

Résumé de la démarche

Accumulez tous les renseignements intéressants la recherche.

Préparez chaque question différente dans une bulle.

Segmentez au besoin chaque éventualité et n'en laissez aucune sans réponse.

Notez toutes les réponses dans l'ordre où vous les avez obtenues.

Cette méthode est transposable à toute recherche : elle vous permettra d'acquérir la maîtrise du questionnaire, véritable ossature sur laquelle va reposer votre recherche.

Témoignage

La recherche d'or dans des fleuves de Guyane

Dans les années 1980, j'ai eu la responsabilité de l'ensemble des différentes activités du groupe Havas sur les départements des Antilles/Guyane. Un jour de 1986, je me rends à Cayenne afin d'y rencontrer tous mes collaborateurs et faire le point sur nos affaires. J'en profite alors pour y rester le week-end.
C'est l'occasion de partir en pirogue, ces véritables diligences du fleuve capables de transporter des quantités invraisemblables de marchandises, de gens ou d'animaux. J'ai toujours, chevillée au corps, la nostalgie de ces magnifiques moments passés sur ces pirogues glissant silencieusement sur les fleuves.
Quand on évoque la Guyane, on pense immédiatement à ses chercheurs d'or : ici, en effet, l'or n'est pas un mirage, puisqu'on en extrait plusieurs tonnes chaque année, d'un or pur de 24 carats.
J'ai eu la chance de me lier d'amitié avec d'authentiques chercheurs d'or et surtout de partager cette vie d'aventure avec eux, quelques jours chaque mois. C'est ainsi que j'ai fait la connaissance de J.-P., un ancien dessinateur humoristique qui s'est installé définitivement en Guyane où il est, à la fois, éditeur d'ouvrages sur la Guyane, pilote d'avion de tourisme et chercheur d'or.
En règle générale, l'or natif se trouve dans les sous-sols volcano-sédimentaires et se présente sous la forme de paillettes, de poudre ou de pépites. Les alluvions fluviales sont aspirées par de puissantes pompes, appelées dragues suceuses, installées sur des barges flottantes et servant à la fois de dortoir, de cuisine et d'atelier. Les orpailleurs professionnels, munis d'équipe- ▶

ment de plongée, travaillent sur le fond du lit du fleuve en manipulant l'énorme tuyau qui va aspirer et faire monter les alluvions sur la barge où celles-ci sont lavées, triées et tamisées sur de la moquette placée à la fin d'une goulotte appelée « sluice ». Cette moquette piège l'or, en l'accrochant dans sa fibre ténue.
Il y a aussi l'orpaillage à l'ancienne qui consiste à explorer les alluvions du fleuve à la pelle et à la batée, ce chapeau chinois en métal que l'on tient à l'envers, pointe en bas, et que l'on fait tourner. Mues par la force centrifuge, les paillettes se regroupent au fond de la batée.
C'est très souvent le procédé utilisé par les prospecteurs qui échantillonnent ainsi des endroits précis de rivières et les référencent sur cartes. Et c'est avec eux que j'ai souvent participé à des sorties toujours palpitantes et pleines de joies ou de déceptions. C'est la loi du genre.
J'ai fait mes premières armes de localisation d'or en travaillant sur cartes et au pendule : je marque sur des cartes à l'échelle 5/1 000e, les endroits où certains méandres du fleuve seraient intéressants à prospecter et où la teneur en or pourrait être intéressante.
Deux de mes amis ont entendu un vieux chercheur d'or leur dire qu'il avait, en son temps, trouvé pas mal d'or en un endroit précis. Il est donc important, avant de demander le permis d'exploitation de la future concession, de pouvoir vérifier sur place les informations de ce vieux chercheur d'or et la véracité de mes indications. Les demandes de concessions sont obligatoires et sont accordées sous la forme du permis B autorisant à travailler sur un carré de 5 kilomètres de côté, disposé Nord/Sud, valable deux ans et renouvelable deux fois.
On peut considérer que le rendement exploitable d'un filon de rivière est intéressant s'il produit un gramme d'or en paillettes par mètre cube d'alluvions.
Disposant de relevés cartographiques très précis, souvent dessinés à la main, je détaille toutes les indica-

tions portées sur ce document : présence d'un petit village d'Indiens sur la rive droite, ancienne concession abandonnée, présence de deux importants bords de rivières faits de latérite... Je dispose mon plan bien à plat sur la table et je commence par poser mes conventions mentales : « Dois-je prospecter les deux rives du fleuve sur dix kilomètres, entre le point A et le point B ? Y a-t-il des points intéressants à vérifier entre ces deux points ? » Je lance le pendule en balancements et la réponse arrive : un OUI bien net.

Puis, je place sur la carte l'objet-témoin destiné à favoriser ma concentration : une petite bouteille en verre contenant des paillettes d'or, mélangées à de l'eau et du sable de rivière. Sur chaque endroit détecté, je trace sur la carte, au feutre fluo jaune, les zones potentiellement aurifères.

Le vendredi suivant, nous partons dans une pirogue chargée de tarières, de pelles, de nourriture, de jerricans d'essence et de fusils pour chasser le gibier dans la forêt. J'aime cette vie où l'aventure est encore possible : c'est aussi cela le charme de la Guyane.

Le premier endroit à prospecter est très différent, dans la réalité, de celui que j'avais imaginé au moment de ma recherche sur carte. On se dirige vers un point qui attire mon attention : un bas de colline qui se termine par un tombant en pente douce qui vient mourir sur la plage de sable et d'alluvions. Tarière en mains, les orpailleurs creusent plusieurs trous d'environ cinquante centimètres de profondeur et, en extraient des prélèvements boueux qu'ils lavent à la batée.

À la fin de chaque manipulation, sur une batée de 4 à 5 litres d'alluvions, il ne reste plus que la valeur de 4 cuillères à soupe de dépôt sableux gris noir, qui est alors palpé, de façon à faire apparaître quelques paillettes du précieux métal jaune.

Les premières batées révèlent aussitôt l'or en poudre et en paillettes (pas de pépites, hélas) qui scintillent sous ▶

le soleil de Guyane. Les autres emplacements confirmeront la bonne tenue du lieu et encourageront mes amis à exploiter cette nouvelle concession.
Nous avons également la surprise de trouver des dizaines de petits grenats, une pierre qui ressemble d'assez près au rubis : ici, on la considère comme une pierre semi-précieuse et on l'utilise en joaillerie.
Le soir, alors que la nuit tombe très vite vers 18 heures et que la forêt commence à résonner de cris d'animaux, le feu de bois crépite sur la plage du fleuve, le petit punch au rhum blanc fait son apparition et les conversations s'animent. Mon ami revient avec plusieurs jeunes troncs de petits palmiers pinot, auxquels on enlève l'écorce : apparaissent alors à l'intérieur les célèbres cœurs de palmier. J'en ai rarement dégusté d'aussi tendres, avec simplement une petite pincée de sel et du citron. Puis, après un repas fait de gibier et de poisson du fleuve, nous nous couchons dans nos hamacs respectifs, à la belle étoile. Cela aussi fait partie de la magie de la Guyane.
Le lendemain matin, je me réveille, les habits trempés par la nuit tropicale, et je descends rejoindre mes amis vers le fleuve, dans lequel nous faisons notre toilette. Un magnifique vol d'aras rouges passe bruyamment audessus de nous. L'eau est douce et tiède, tandis qu'une légère brume enveloppe le toit de la forêt équatoriale.
Sur le premier site du matin, trois prélèvements sont stériles, car nous sommes sur des terrains latéritiques, peu favorables à l'or. C'est une déconvenue, qui fait partie du jeu de la recherche de ce métal fascinant. Puis, après une navigation sur trois kilomètres, apparaît un endroit que j'avais indiqué lors de mes recherches sur carte. D'après un orpailleur, cette petite anse paraît propice au métal jaune. Il décide de réaliser une prospection simplement à la batée dans cinquante centimètres d'eau, en prélevant des sables et des alluvions du ▶

fleuve. La batée tourne majestueusement dans ses mains et, au bout de plusieurs rotations, la surprise est totale : de toutes petites particules d'or, de la taille de grains de riz, se déposent au fond de la batée !
Au bout de deux heures, tous les échantillons recueillis sont regroupés dans des petits bocaux, sur lesquels est apposée une étiquette précisant le jour, le lieu et l'heure de leur découverte. Pour compléter le tout, un relevé géodésique est effectué avec boussole et carte.
Quelques jours plus tard, mon ami me dit que les secteurs prospectés s'avèrent être de futurs bons « placers » et qu'il va donc demander un permis définitif de concession pour exploitation.
D'évidence, j'ai beaucoup appris au contact de ces spécialistes du métal jaune : ils m'ont apporté des indications qui, alliées à la radiesthésie, m'ont permis d'être relativement précis dans mes recherches. Une fois de plus, j'ai compris que l'on ne peut pas chercher quelque chose que l'on ne connaît pas bien. Il est indispensable d'acquérir des connaissances spécifiques à l'objet recherché. Dans le cas présent, m'ont été nécessaires les géologies de l'or, l'environnement des lieux à prospecter, l'étude des courants d'eau, la technique de prospection des lits de rivières, l'observation détaillée de l'environnement.
Lorsque j'ai quitté ma vie professionnelle, en vue d'une retraite bien méritée, mes collaborateurs de l'agence Havas et mes amis orpailleurs, connaissant ma passion pour toutes ces aventures, m'ont offert un petit pendentif en or, représentant une batée, une pelle et une pioche. C'était une façon charmante pour eux de me témoigner toute leur sympathie et leur gentillesse.

La recherche de sites archéologiques
C'est une autre discipline de la radiesthésie qui fait appel à la culture générale pour chasser les indices historiques, et qui n'est pas sans rappeler celle de la chasse aux trésors.
Cette recherche permet de découvrir et d'explorer des sites archéologiques plus ou moins connus, situés près d'anciens châteaux, bastides, fortifications ou abbayes.
La première partie de celle-ci sera évidemment consacrée à la collecte d'indices historiques préalables, à faire auprès des mairies, archives départementales, bibliothèques. Mais vous pouvez aussi consulter, sur Internet, des sites spécialisés, des guides de première qualité qui vous procureront la matière souhaitée, région par région.
Après avoir glané le maximum d'informations, vous aurez à votre disposition un dossier consistant et sérieux, pour commencer vos recherches.

L'objet-témoin est indispensable
Dans 90 % des cas, l'utilisation sur le terrain d'un témoin matériel est impossible, parce que rare ou introuvable. Vous serez obligé d'utiliser un témoin artificiel, dessin ou photo de la chose recherchée. On trouve ce type de document dans les bibliothèques dotées d'ouvrages spécialisés.

Rechercher un souterrain
Il peut s'agir aussi bien de souterrains médiévaux que d'anciennes tranchées ou de casemates datant de la guerre de 14/18, enfouies dans le sol.

• Déterminer la direction vers laquelle se trouve le souterrain
À partir d'une recherche préalable et minutieuse qui vous a signalé l'existence de souterrains, rendez-vous sur le site, pendule en main. Prononcez votre convention mentale : « Je désire être sensible à la présence du

souterrain existant sur ce terrain. Mon pendule balancera dans la direction vers laquelle je dois me diriger, pour le détecter. »
Observez bien la direction qu'il vous indique et essayez surtout de relever, dans le paysage, un repère naturel situé dans celui-ci : arbre, poteau, clôture ou murets…
C'est un moyen pratique de mémoriser visuellement la direction pour s'y rendre et s'en souvenir. Au besoin, prenez des photographies.

• Déterminer la distance à laquelle se trouve le souterrain
Vous devez déterminer la distance qui vous sépare de votre objectif, pour le localiser de façon précise. Cette phase d'approche vous évite de marcher et de prospecter au hasard pendant de longues heures.
Toujours pendule en main, vous prononcez votre convention mentale, en convenant que chaque tour de celui-ci correspondra par exemple à dix mètres. Mais vous pouvez choisir une autre unité de mesure, par exemple, 20, 30 ou 50 mètres. Prenez celle qui vous convient le mieux : « Je désire être sensible à la distance qui me sépare du souterrain. Et lorsque je prononcerai mentalement le chiffre correspondant à la distance recherchée, mon pendule s'arrêtera de tourner ».
Lancez vigoureusement votre pendule en balancements et laissez-le arrondir ses rotations. Ne commencez à compter mentalement que lorsque celles-ci seront bien rondes et franches.

• Exemple de comptage avec cette méthode
Vous venez de prononcer le chiffre 35, ce qui correspond en principe à 35 mètres, si vous avez choisi l'unité « 1 tour de pendule = 1 mètre sur le terrain ». Comme vous le savez, un pendule ne s'arrête pas immédiatement. Reprenez alors votre comptage à partir du chiffre obtenu et affinez. Refaites le comptage mental : 30, 31

et 32 m. Si votre pendule s'arrête sur ce dernier chiffre, considérez que la distance est aux environs de 32 mètres. Maintenant que vous connaissez la direction et la distance, rendez-vous dans l'axe de balancement précédemment indiqué par le pendule.

• Déterminer la largeur du souterrain
Une fois arrivé dans la zone bien délimitée, posez votre dernière convention : celle qui va vous permettre de découvrir le passage du souterrain. Cette opération va consister à établir la largeur existant entre les deux murs du passage.
Placé dans la zone détectée, pendule en main, énoncez votre convention mentale : « En marchant, lorsqu'un de mes pieds franchira l'emplacement du premier mur, mon pendule entrera en rotations ».
Lancez volontairement le pendule en balancements. Avancez lentement, attendez la réaction pendulaire. Lorsque votre pendule passe en rotations, stoppez votre marche. À cet endroit, le premier mur du souterrain se trouve à l'aplomb de votre pied. Vous venez de détecter l'emplacement de la première paroi du souterrain.
Refaites la même opération pour trouver le passage de la deuxième paroi. Matérialisez ensuite, sur le sol, l'emplacement de la deuxième paroi : l'idéal est de faire le marquage sur le sol avec de la peinture fluo.
Poursuivez : « Suis-je placé à la verticale du souterrain ? » OUI/NON ?
Si votre pendule tourne dans le sens OUI, vous êtes bien sur le passage du souterrain recherché.

Comment localiser le passage du souterrain avec plus de précision
Si vous pratiquez un peu la baguette, je vous recommande vivement d'utiliser les baguettes en L pour localiser parfaitement les deux bords du passage recherché. L'utilisation en est simple : vous les tenez comme des

poignées revolver, bras tendus et parallèles, puis vous avancez à la perpendiculaire du passage. Si vos baguettes se croisent, cela veut dire que votre pied vient de franchir un des deux bords du souterrain. Si elles s'ouvrent, vous êtes au milieu de celui-ci, et quand elles se referment à nouveau, cela signifie que vous venez de franchir le deuxième bord.
L'air emprisonné dans une cavité fermée est souvent ionisé ou rendu actif par la présence de champs électromagnétiques, c'est ce qui provoque la réaction des baguettes sur l'opérateur.

Principe de recherche de souterrains avec un pendule

Phase 1 : détermination de la présence d'un souterrain

Principe de recherche de souterrains avec un pendule

Un tour de pendule = 1 m ou 0,50 m,
selon l'unité choisie

Phase 2 : détermination de la distance du souterrain

Principe de recherche de souterrains avec un pendule

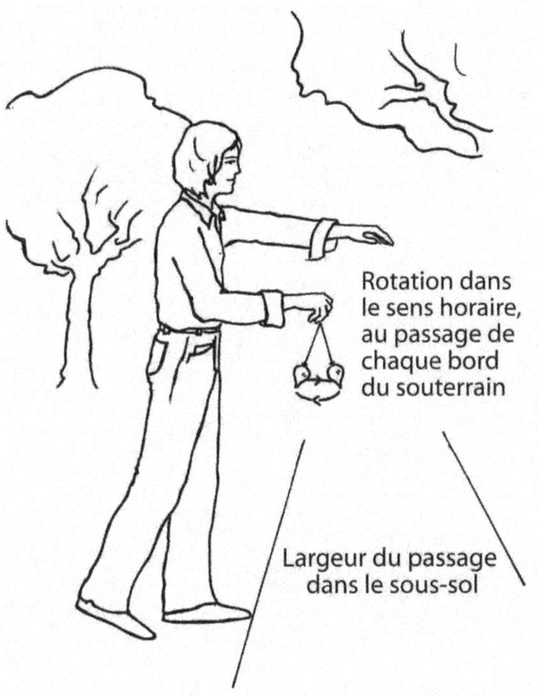

Phase 3 : détermination de la largeur du souterrain

Principe de recherche de souterrains avec un pendule

Phase 4 : détermination de la profondeur du souterrain

Voilà une façon ludique et facile de prospecter des sites anciens, qui vous apportera de réelles satisfactions.

Favorisez le bien-être de vos animaux, en choisissant l'endroit qui leur convient

Je me suis souvent posé cette question : pourquoi mon chien refuse-t-il toujours d'aller dormir dans sa belle niche neuve, achetée à grands frais ? On constate les mêmes réactions chez les chats.

Par déduction, en conservant le même habitat mais en le changeant tout simplement de place, on constate que chiens et chats apprécient soudain, avec volupté, la même niche et le même panier !
Le comportement de ces bêtes mérite d'être étudié et fait apparaître que, dans la journée, ils gambadent joyeusement dans la propriété ou dans la maison, mais que, par contre, ils évitent soigneusement de se reposer à des endroits bien précis.
Prenons l'exemple de mon sympathique Labrador qui a toujours refusé de dormir dans sa niche neuve, placée à l'ombre d'un gros cyprès.
J'en avais conclu que cette essence de bois semblait l'indisposer. Ses préférences allaient systématiquement vers le rustique paillasson placé devant les marches de la maison. Et c'est seulement des années après que j'ai enfin compris la raison de ce dédain régulièrement affiché.
Désirant réaliser un forage d'eau dans ma propriété, j'ai décidé de me livrer à une prospection dans le jardin. Quelle ne fut pas ma surprise de constater, au pendule, le passage d'une superbe veine d'eau, dans la transversale de la niche. Cette veine située à 48 mètres de profondeur, présentait un débit estimé de 8 m^3/heure.
Le forage a été réalisé deux mois après et mes prévisions se sont révélées justes, puisque l'eau a été trouvée à 50 mètres de profondeur avec un débit réel de 11 m^3/h. Mon brave chien avait probablement senti la proximité de la veine d'eau et de ses champs électromagnétiques qui l'indisposaient.
Fort de cette constatation, je décide d'installer la même niche à un tout autre endroit indiqué par mon pendule : un espace situé près d'une haie de noisetiers, dans l'entrée de l'allée du jardin. J'y installe la niche et un quart d'heure plus tard, j'aperçois mon chien voluptueusement installé dedans ! Depuis, il y passe d'excellentes et régulières nuits.

Recherche du meilleur endroit sur plan

Prenez le plan de votre terrain (titre de propriété ou plan parcellaire), quadrillez-le en carrés de 5 centimètres et affectez pour chacun une lettre d'identification (A, B, C, D), en convenant que vous désirez trouver le meilleur endroit de repos pour votre chien.

Choisissez la convention mentale : « Mon pendule entrera en rotations lorsqu'il sera dans la zone la plus favorable ».

Disposez votre pendule au-dessus de chaque carré. Lancez-le volontairement en balancements et posez la question : « Ce secteur est-il sain pour mon chien ? OUI/NON ? » Attendez la réponse et si votre pendule tourne dans le sens des aiguilles d'une montre, l'endroit détecté est le bon. Mais attention : vous pouvez en détecter plusieurs. Il y a donc un choix à faire. Pour le déterminer, prenez un tableau gradué de 0 à 100, en pourcentages, afin de connaître la meilleure valeur à retenir. Par exemple, si votre pendule vous indique pour les emplacements A, B et C, les chiffres respectifs de 30, 85 et 52, votre choix doit d'évidence se porter sur l'emplacement B qui présente le meilleur taux : celui de 85 % de qualité de vie.

Recherche du meilleur endroit, en direct, sur le terrain

Placez-vous simultanément sur chacun des quatre côtés du jardin, bras gauche tendu, index pointé à l'horizontale et pendule en main.

La convention mentale à utiliser : « Lorsque mon index sera dans la direction du bon endroit, mon pendule tournera ».

Dans cette position, commencez à tourner sur vous-même, lentement, en balayant l'horizon devant vous à 180°. Lorsque votre pendule se met en rotations, repérez bien l'endroit. Il vient, par ces rotations OUI, de vous confirmer la bonne direction. Ensuite, mettez le pendule en balancements volontaires et marchez à pas réguliers

dans cette direction. Arrivé à un endroit précis, votre pendule va entrer en rotations : vous êtes dans la bonne zone recherchée. Refaites la même opération sur chacun des quatre côtés de la propriété, et vous serez surpris de constater que, dans certains cas, votre pendule vous a précisé deux endroits identiques. Souvent cette indication se traduit par un effet de triangulation, matérialisé par deux lignes de direction qui convergent vers le même point.
Pour ma part, je préfère de loin utiliser la technique de recherche sur plan, la plus facile et la plus pratique.
Concernant ces problèmes d'habitats pour animaux, j'ai pu, à de nombreuses occasions, constater les mêmes témoignages de plusieurs propriétaires de chiens. Les animaux sont des êtres vivants, sensibles comme les humains à l'environnement où ils sont se trouvent. Il est donc important d'y veiller, pour voir s'épanouir ces adorables compagnons.

Les plantes sont comme les animaux, elles ne se plaisent pas partout
Il vous arrive de constater qu'à certains endroits (souvent les mêmes), les plantes périclitent, se dessèchent et meurent malgré vos soins répétés.
Pour déterminer quel endroit convient le mieux à vos plantes favorites, utilisez le même principe de recherche que celui utilisé pour connaître le bon emplacement de la niche d'un chien.
Une fois l'emplacement trouvé, vérifiez la validité de l'emplacement détecté au pendule de la façon suivante. Prenez deux plantes saines de la même variété, placez-les à deux endroits différents. L'une à l'endroit où la plante dépérissait et l'autre au nouvel endroit déterminé au pendule. Puis, arrosez-les de la même manière. Pendant plusieurs jours, observez bien leur comportement : rigidité des tiges, couleur du feuillage, ramollissement des nervures de feuilles. Très vite, vous

constaterez le bien-fondé de votre recherche et aurez la réponse attendue. On sait, depuis très longtemps, que les plantes ont leurs endroits de prédilection pour s'épanouir, faits confirmés par les travaux du docteur Burr, de l'université de Yale : le transport de la sève à l'intérieur de la plante est étroitement lié à des phénomènes électriques ou d'origine électromagnétiques, et non à une force capillaire. Tous ces phénomènes souterrains contrarient les fonctions de photosynthèse de la plante, freinant les sécrétions lipidiques.

Rechercher un animal fugueur, perdu ou volé

Il est fréquent de voir, dans le journal, des annonces de particuliers faisant état de la disparition de leur chien, annonces souvent assorties de récompense.

Courant 2002, j'ai été appelé à intervenir pour retrouver le chien d'un de mes amis. Ce pompier professionnel d'Antibes arrive chez moi, un matin, très affecté par la disparition de son chien, une gentille femelle Rotweiller appelée Dolly.

Ses enfants, en partant pour l'école, avaient tout simplement oublié de refermer la porte derrière eux. Il m'explique que sa chienne de huit mois, encore peu habituée à l'environnement de son quartier, risque de se perdre et de ne pas retrouver sa maison. Je lui propose donc d'essayer de rechercher son animal de compagnie, mais sans garantie absolue d'y parvenir, car un chien bouge et se déplace beaucoup.

Je sais d'expérience qu'un chien errant localisé à tel endroit à telle heure, n'y est plus quelques minutes plus tard. C'est la loi du genre dans ce type de recherche. Il en est de même, mais de façon encore plus compliquée, avec les chats ou les perroquets. Comment parvenir à localiser un chat qui passe continuellement de gouttières en gouttières ou un perroquet dont la particularité est celle de se déplacer d'arbre en arbre, et souvent au plus haut de ceux-ci ?

Ce n'est pas la recherche radiesthésique qui est difficile en soi, mais la recherche en temps réel de l'animal sur le terrain. J'ai alors profité de cette occasion pour tester cette méthode de recherche pour chiens fugueurs.

Méthode et matériel nécessaire
Un pendule, une photo de l'animal, son nom et, si possible, un témoin physique : sa laisse, son collier... Sont également nécessaires : un ou des plans détaillés du secteur concerné, la date de disparition et surtout le téléphone portable, qui va jouer un rôle capital dans la recherche.

Départ de la recherche
Sur une feuille de papier, j'écris dans une bulle l'orientation mentale suivante : « OBJECTIF : retrouver Dolly, une chienne Rotweiller appartenant à mon ami et disparue le 5 septembre 2002 à Antibes ».
Pour me conforter dans cette future démarche, je place le pendule au-dessus de la photo et d'un des colliers du chien, et me pose cette question : « Dois-je entreprendre cette recherche ? OUI/NON ? » Réponse du pendule : OUI.
Deuxième réponse à trouver rapidement, celle de l'état de vie ou de mort de l'animal : « La chienne à qui appartient ce collier et qui est représentée sur la photo, est-elle à l'heure actuelle vivante ou morte ? » Réponses du pendule : morte NON, vivante OUI.
Cette précision est importante, car elle m'incite à poursuivre ma recherche

Un conseil important
N'oubliez pas que toute recherche d'animal disparu doit se faire impérativement en TEMPS RÉEL. Toutes les questions posées et les réponses obtenues sont supposées être données en temps réel pour le subconscient.

La recherche elle-même

Dès le départ, je préconise la mise en place d'un système de localisation par voiture et téléphones portables, utilisés par deux intervenants différents. Dès cet instant, les téléphones portables deviennent des éléments cruciaux, car les indications communiquées par le radiesthésiste aux deux chercheurs circulant dans les rues vont être vérifiées en TEMPS RÉEL. Cela permet de faire évoluer la situation de minute en minute : les réponses provenant de l'extérieur vers le radiesthésiste, lui permettent de modifier, de poursuivre ou d'arrêter sa recherche.

Cette opération s'assimile à celle d'un véritable radioguidage. C'est, à ce jour, le moyen le plus efficace que j'ai trouvé pour réaliser la recherche en direct au pendule. C'est la seule méthode permettant d'apporter des correctifs rapides et de vérifier immédiatement le résultat, en associant un moyen ancestral et un moyen moderne de communication !

Pour réaliser cette recherche, j'utilise deux méthodes possibles : celle dite de la recherche directe au pendule, par élimination de secteurs sur plan, et celle par pistage rapide et direct sur plan.

Recherche directe, par élimination de secteurs sur plan

Matériel à utiliser : un pendule, un plan de la commune et une règle.

Placez le plan devant vous, tracez avec un stylo, à l'aide d'une règle, des carrés de 10 à 15 centimètres de côté, selon l'échelle du plan. Ceux-ci englobent des zones bien délimitées.

Affectez à chaque carré un numéro ou une lettre d'identification (1, 2, 3 ou A, B, C...) et obtenez ainsi un quadrillage parfait. Le plus rapidement possible, vérifiez si le chien est, ou n'est pas (en temps réel), dans la zone indiquée par le pendule. Le facteur « rapidité de réponse » est primordial, compte tenu du déplacement de l'animal.

Selon la réponse obtenue par le système de réponses OUI/NON, interrogez chaque case du plan : « Dolly est-elle, en ce moment même, dans le secteur 3 ? » OUI/NON ? Si la réponse obtenue est OUI, vérifiez alors immédiatement chaque rue principale et secondaire, afin de savoir si le chien s'y trouve. Demandez aux deux personnes de s'y rendre aussitôt en voiture, par des chemins légèrement différents.
Si la réponse obtenue est « Le chien se trouverait à l'angle de la rue Doumer et de l'avenue des Pins », appelez vos deux interlocuteurs et donnez-leur éventuellement des indications complémentaires. Le radioguidage peut alors commencer et la vérification s'effectuer sur place.
Si le chien n'est pas à l'endroit indiqué, le radiesthésiste doit affiner sa recherche en quasi permanence, et rappeler ses intervenants extérieurs. C'est le prix à consacrer pour arriver à retrouver l'animal.

Recherche par pistage rapide au pendule, sur plan
Cette méthode peut être utilisée en complément de la première si l'on n'a pas abouti.
Matériel à utiliser : un pendule, une photo, un collier de l'animal, le plan de la commune et un téléphone portable.
Placez le plan à plat sur une table devant vous et marquez d'une croix rouge l'emplacement précis d'où le chien est parti et surtout l'endroit où il vivait : c'est l'élément important, le seul concret, sur lequel la recherche va reposer.
Convention mentale à utiliser : « Je désire être sensible à la présence de Dolly, à partir de son point de départ. Mon pendule tournera au-dessus de la zone où elle se trouve en ce moment même. »
Placez le pendule sur le point de départ (la croix marquée en rouge), lancez-le en balancements volontaires bien réguliers et laissez-le vous indiquer les directions qu'il désire emprunter. Avancez lentement votre main, poignet très souple, en accompagnant le pendule

dans ses balancements. Vous serez surpris de voir ses réactions (qui sont, en vérité, les vôtres, inconscientes) : le pendule va suivre une grande avenue, arriver à l'intersection d'une autre rue, hésiter puis bifurquer dans celle de droite. Laissez-le faire : contentez-vous seulement de maîtriser sa tenue en balancements et lorsqu'il arrivera dans la zone où se trouve le chien, il va quitter ses balancements et entrer en rotations.
Ayant déterminé la zone, il va falloir faire très vite. À l'aide de votre ordinateur ou d'un photocopieur, agrandissez la zone détectée pour travailler de façon plus confortable et plus précise.
Maintenant, poursuivez la recherche sur ce nouveau plan détaillé, refaites la recherche rue par rue, avenue par avenue, par pâtés de maisons. Dès que la réponse se traduit en rotations sur une zone, posez-vous aussitôt la question : « Dolly est-elle actuellement entre la rue Henri Martin et la rue des Palmiers ? » Si la réponse obtenue est OUI, appelez vite vos interlocuteurs extérieurs pour qu'ils vérifient vos informations.
C'est de cette façon qu'en septembre 2002, j'ai pu retrouver la chienne de cet ami.

Conclusion
Dans les faits, comment cette recherche s'est-elle déroulée et terminée ?
Mon pendule ayant déterminé un secteur particulièrement sensible placé à la sortie d'Antibes, je communique à mon ami cette information sur son portable. Un quart d'heure s'écoule, le temps qu'il se rende sur place, et mon portable sonne. J'ai pu déterminer avec plus de précisions un endroit dégagé, légèrement boisé en limite d'une zone industrielle, que je lui communique.
À partir de ces dernières indications, mon ami gare sa voiture et se rend à pied dans la zone précisée au pendule : un terrain vague jouxtant la zone industrielle, à plus de cinq kilomètres de son domicile.

Prenant à la main un des colliers du chien (équipé d'un petit grelot), tout en sifflant régulièrement comme il avait l'habitude de le faire pour appeler sa chienne, mon ami commence à explorer les abords immédiats. Quelle n'est pas sa surprise, au bout de quelques minutes, de voir surgir sa petite chienne d'un épais buisson. Celle-ci, d'abord craintive, vient au-devant de lui, amaigrie, en trottinant comme si elle était partie depuis quelques minutes... mais blessée au cou.
Elle portait encore, autour de son cou, une épaisse ficelle qu'elle avait réussi à ronger et à casser, ce qui lui a probablement permis de se sauver. Il ne fait pas de doute que, perdue, elle avait rencontré et suivi quelqu'un, qui l'avait emmenée, puis attachée et retenue prisonnière.
On imagine ma joie lorsque mon portable a de nouveau sonné et que mon ami m'a fait part de cet heureux dénouement.

Ce qu'il faut retenir

La radiesthésie et les jeux de hasard : surtout, laissez faire ce dernier !

Ondes nocives, de quoi parle-t-on ? Selon le praticien ou la méthode pratiquée, elles deviennent parfois nocives... pour le porte-monnaie ! Certaines existent, parfaitement identifiées et répertoriées.

Recherches de trésors : avant le trésor, recherchez d'abord l'information.

Recherches d'animaux égarés ou fugueurs : travaillez en temps réel et utilisez des moyens modernes de communication.

CHAPITRE 16

Testez vos capacités radiesthésiques

Voici quelques exercices qui vous permettront de connaître votre potentiel dans toute recherche avec un pendule.
J'ai souhaité que ces tests soient simples, faciles à réaliser et ludiques, afin de vous permettre de mettre en application les différentes méthodes de recherche, que j'ai traitées dans cet ouvrage.
Il va de soi que si vous voulez réellement tester vos dispositions radiesthésiques, vous ne devez pas regarder les résultats avant d'avoir terminé ces exercices !

Mode d'emploi
Pour les exercices impliquant la recherche de mesures, qu'elles soient en grammes, mètres ou tout autre unité, vous pouvez vous servir du cadran universel de la page suivante, qui vous facilitera grandement la tâche.

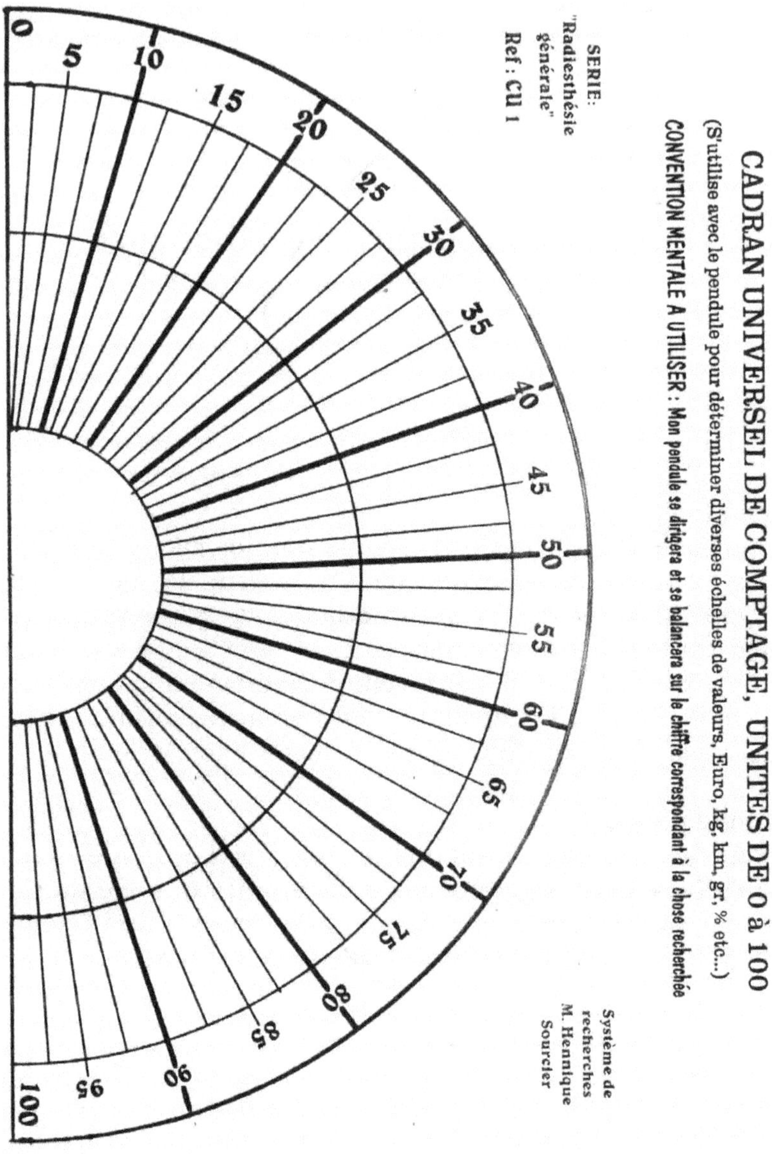
CADRAN UNIVERSEL DE COMPTAGE, UNITES DE 0 à 100
(S'utilise avec le pendule pour déterminer diverses échelles de valeurs, Euro, kg, km, gr, % etc...)
CONVENTION MENTALE A UTILISER : Mon pendule se dirigera et se balancera sur le chiffre correspondant à la chose recherchée
SERIE:
"Radiesthésie
générale"
Ref : CU 1
Système de
recherches
M. Hennique
Sourcier
0
5
10
15
20
25
30
35
40
45
50
55
60
65
70
75
80
85
90
95
100

Si ce cadran s'avérait inopérant au niveau de la précision, libre à vous d'en confectionner un, parfaitement adapté à votre travail.
Exemple : si le cadran utilisé est étalonné en mètres, que la première graduation ne commence qu'à partir de 5 mètres mais que vous désiriez utiliser des mesures inférieures, vous pouvez en redessiner un, allant de 0 à 1 mètre, par tranches de 5 ou 10 cm.

À titre d'exemple, voici page suivante quelques modèles de cadrans de mesures, que j'utilise couramment dans mes différentes recherches radiesthésiques.

CADRAN D'EVALUATION DU BIOMAGNETISME HUMAIN

Test de la sensibilité du sujet évaluée en %

CONVENTION MENTALE A UTILISER:
"Mon pendule se dirige et se balance sur le chiffre correspondant au % recherché"

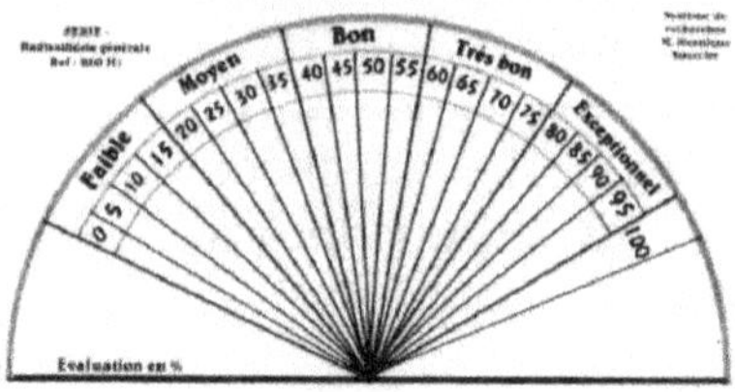

CADRAN UNIVERSEL DE COMPTAGE, UNITES DE 0 à 100

(S'utilise avec le pendule pour déterminer diverses échelles de valeurs. Euro, kg, km, gr, % etc...)

CONVENTION MENTALE A UTILISER:
"Mon pendule se dirige et se balance sur le chiffre correspondant à la mesure recherchée"

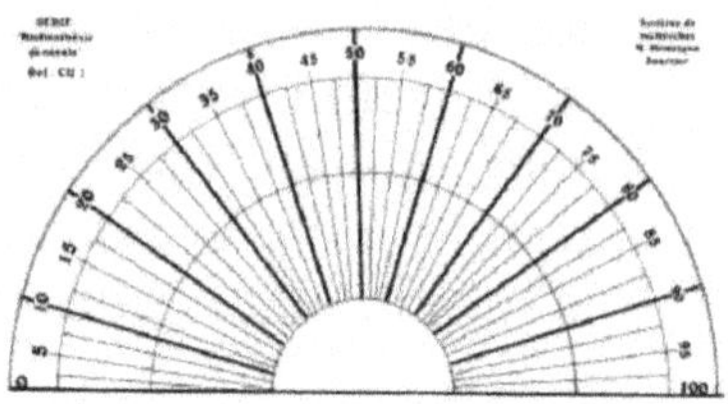

CADRAN HORAIRE POUR TOUTES RECHERCHES

Cadran permettant de déterminer la tranche horaire de divers événements : Disparitions, vols, accidents etc.

CONVENTION MENTALE A UTILISER:
"Mon pendule se dirige et se balance sur le chiffre correspondant au % recherché"

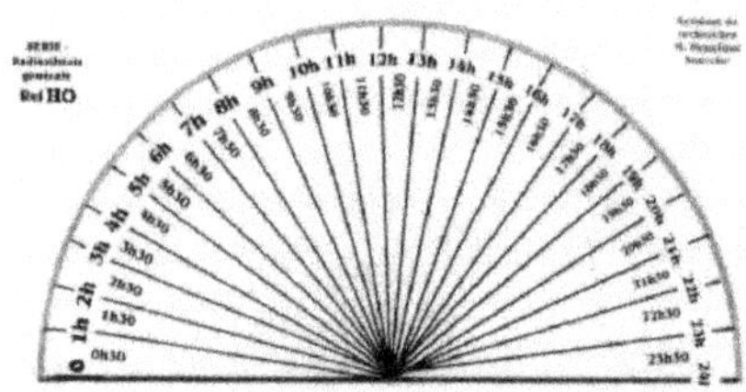

CADRAN EVENEMENTIEL (Mois/jour) POUR TOUTES RECHERCHES

Permet de déterminer quel jour du mois s'est déroulé l'événement.

CONVENTION MENTALE A UTILISER:
"Mon pendule se dirige et se balance sur la date recherchée"

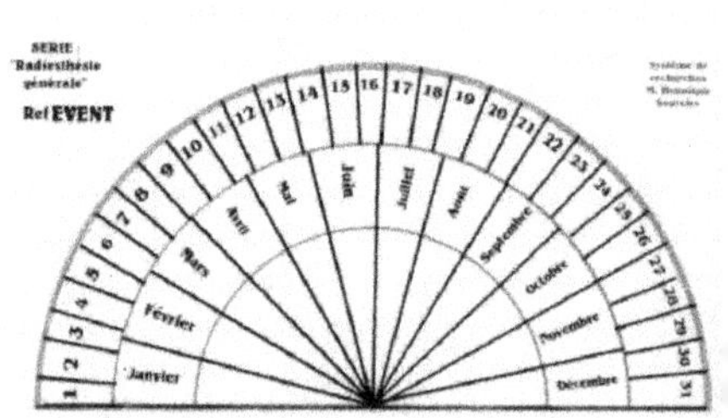

CADRAN DE MESURE DE L'INDICE DE VITALITE DE PERSONNES OU ANIMAUX DISPARUS

Procédure: L'opérateur place son pendule au centre du cadran, regarde la photo du sujet pendant quelques secondes, et prononce sa convention mentale.

CONVENTION MENTALE A UTILISER:
"Mon pendule se dirige et balance sur le secteur correspondant à l'état de santé de la personne ou de l'animal disparu"

CADRAN DE MESURES DU CHAMP MAGNETIQUE D'UN LIEU DETERM

Détermination en % d'une zone géopathogène à tendance nocive

CONVENTION MENTALE A UTILISER:
"Mon pendule se dirige et se balance sur le chiffre correspondant à la mesure recherchée"

Procédure: L'opérateur se place face au Nord magnétique et lance son pendule direction nord au centre du demi cercle.

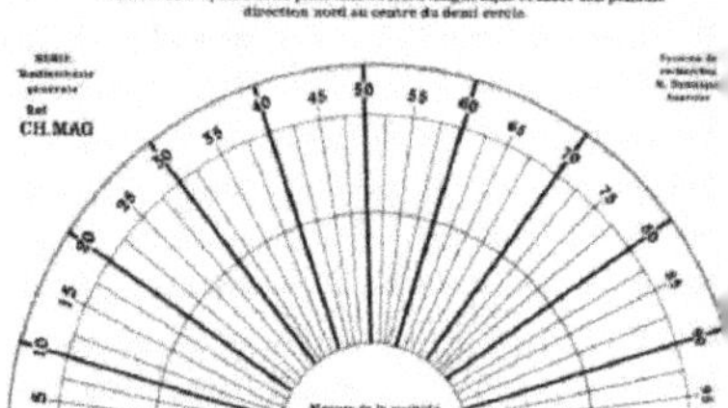

Exercice 1
Déterminez au pendule si une source circule dans le sol, à proximité de la maison, dans quel sens elle s'écoule, à quelle profondeur et trouvez l'importance de son débit.

Cet exercice doit se dérouler en 4 temps :

1) Sur l'illustration, détectez le passage d'une veine d'eau et dessinez-la ensuite dessus.
2) Déterminez son sens d'écoulement.
3) Déterminez sa profondeur en mètres.
4) Déterminez son débit en m^3/heure.

Exercice 2
Déterminez, au moyen d'un pendule et d'un cadran de

mesures, le poids exact du panier de légumes.
Si vous approchez du poids exact à plus ou moins de 100 grammes, vous pouvez considérer votre résultat comme excellent et très largement au-dessus de la moyenne.

Exercice 3
Détectez au pendule la présence d'une bague dissimulée dans l'un des trois écrins.

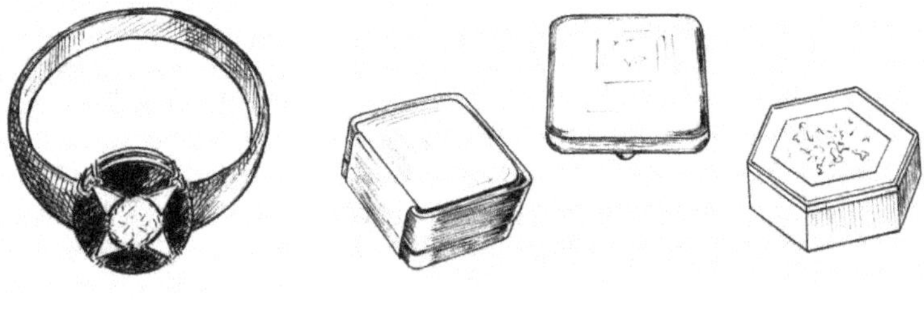

Exercice 4
Détectez au pendule deux bijoux différents (une bague et une chaînette), dissimulés dans deux des trois écrins.

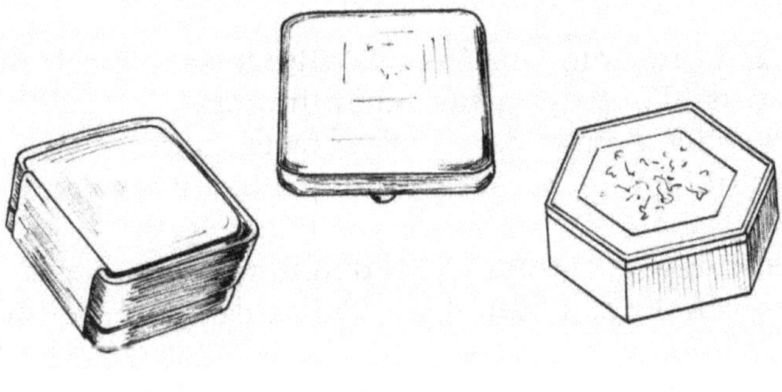

À vous de choisir la technique, parmi celles traitées dans ce livre, qui vous convient le mieux.

Exercice 5
Détectez au pendule la présence d'allumettes dans leur boîte, mais aussi leur nature.

Dans la boîte sont placées des allumettes déjà brûlées, mais aussi d'autres parfaitement intactes.
Cet exercice doit se dérouler en trois temps :

1) Déterminez le nombre total d'allumettes contenues dans la boîte.
2) Déterminez combien il y a d'allumettes intactes.
3) Déterminez combien il y a d'allumettes déjà brûlées.

C'est un excellent exercice de recherche à plusieurs paliers.

Résultats des exercices

Exercice 1
Test de détection d'une source
Une veine d'eau passe bien sous la maison à l'endroit indiqué, à une profondeur de 48 mètres, avec un débit de 10 m³/heure et circule dans le sens de la flèche.

Exercice 2
Mesure du poids du panier de légumes
La réponse est 4 kg 225 grammes.

Exercice 3
Dans quel écrin se trouve la bague ?
Dans le troisième écrin.

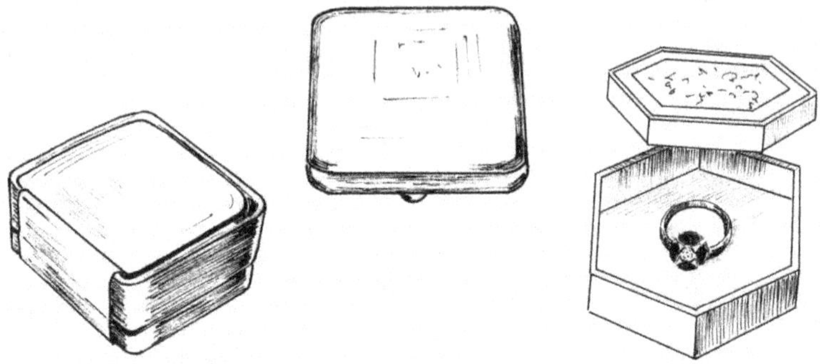

Exercice 4
Où se trouvent la bague et la chaînette ?
La bague se trouve dans le premier écrin et la chaînette dans le troisième.

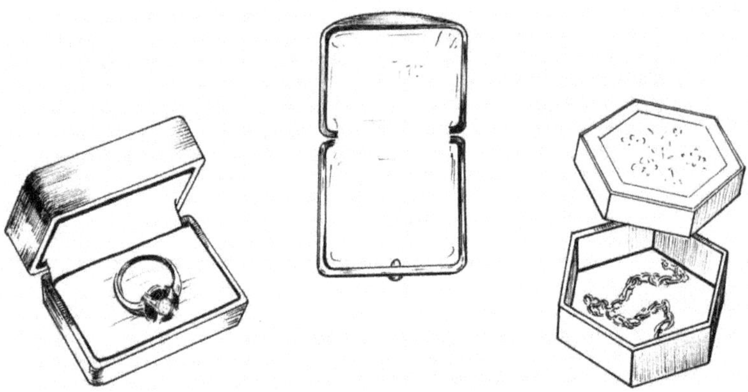

Exercice 5
Test des allumettes dans la boîte
Le nombre total d'allumettes est de 8, dont 3 sont brûlées et 5 intactes.

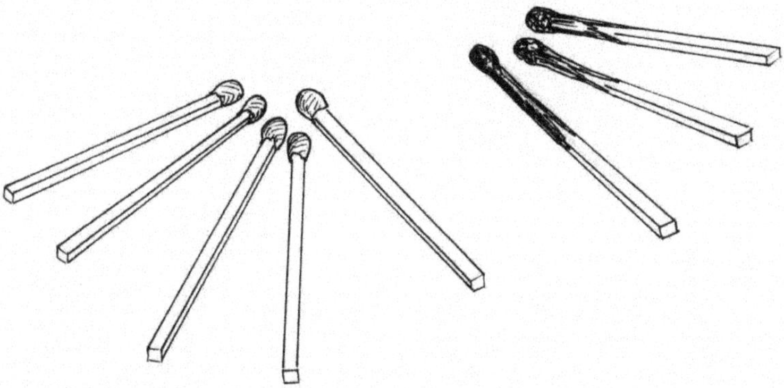

Conclusion

Si j'ai souhaité, dans l'avant-dernier chapitre, citer l'anecdote concernant la recherche de Dolly, le chien d'un ami, c'est parce qu'elle illustre parfaitement la satisfaction que peut apporter une recherche au pendule, convenablement menée.

En priorité, j'ai voulu avant tout privilégier la technique radiesthésique. Sans cette technique, rien n'est possible. Il m'est apparu indispensable de l'analyser, avec ses mécanismes, ses articulations, ses interactions, ses exemples d'applications et la maîtrise qu'elle apporte. Le radiesthésiste, sans une prise de conscience des ressources de son cerveau, aura les plus grandes difficultés à pratiquer cet art.

Savoir faire le vide mental, est aussi important que de savoir faire intervenir son inconscient ou son subconscient au bon moment. Le pendule n'est pas un objet magique : il ne pense pas, ne déduit pas, ne possède aucune propriété particulière et n'est que le prolongement et la matérialisation de vos réactions neuromusculaires.

Certains auteurs vous expliquent que le pendule a des pouvoirs, grâce à sa forme ou à sa matière : on voudrait presque nous faire croire que les recherches se font sans vous ! Il n'est nul besoin de posséder un pendule spécifique pour tel ou tel type de recherche. On imagine mal utiliser un pendule en améthyste pour rechercher une personne disparue, un autre en bois pour trouver un souterrain, encore un autre, en cristal, pour disperser quelques ondes mystérieuses.

Il est tellement plus simple de pratiquer sa propre technique radiesthésique avec le même instrument : le pendule que l'on a bien en mains, tout simplement. On imagine mal un écrivain se servir de stylos différents, selon qu'il écrit un roman d'amour ou un roman d'aventures !
Les bases sérieuses, que j'ai exposées dans cet ouvrage, vous font comprendre en termes simples ce qu'est une convention mentale et comment l'utiliser. Cette méthodologie va vous procurer un acquis important, et une maîtrise qui vous permettront d'aborder différents types de recherches. Le reste n'est que la transposition et l'adaptation de vos acquis, face aux futures recherches que vous allez entreprendre.
Il m'a paru également important de faire découvrir, aux futurs radiesthésistes, les différentes façons d'aborder certains types de recherches. La radiesthésie est composée de sciences humaines : elle n'existe que par l'activité mentale de l'homme. Et comme je l'affirme en permanence, il n'y a jamais de radiesthésie sans radiesthésiste.
Pratiquée à partir de bases solides, elle vous ouvrira les portes d'un univers merveilleux, acquis sans études compliquées ni matériel sophistiqué : c'est une radiesthésie à la portée de tous.
Elle vous permettra de faire de multiples découvertes, tout en acquérant une culture personnelle de plus en plus étendue. Comme le corps médical a ses spécialistes, la radiesthésie a les siens : n'hésitez donc pas à choisir les recherches qui vous attirent le plus et vous conviennent le mieux.
Cette discipline, pour être apprise convenablement, demande beaucoup de patience, de persévérance. Un bon conseil : ne cherchez pas à brûler les étapes. Prenez le temps d'assimiler chaque leçon et d'en comprendre le sens exact. C'est, pour vous, le seul moyen d'acquérir les automatismes du cheminement « questions/réponses ».

Et n'oubliez pas que le secret de la radiesthésie consiste à maîtriser la représentation mentale de la chose à rechercher.
Lorsque vous réussirez vos premières recherches et que les résultats seront au rendez-vous, vous éprouverez alors cette joie intérieure infinie que tous les radiesthésistes ressentent : celle d'un monde sans frontières, sans distances, où le facteur temps n'existe pas.

Je souhaite à tous les futurs radiesthésistes mes vœux de réussite les plus chaleureux.

Lexique

Cadrans de mesures radiesthésiques
Petits tableaux dont la représentation permet de mesurer ou de quantifier une chose recherchée au pendule : en kilos, mètres, profondeur, poids...
Le pendule, utilisé avec des conventions mentales spécifiques, va se diriger vers une des graduations figurant sur le cadran et en donner le résultat.

Convention mentale
Façon, pour l'opérateur, de passer un accord avec lui-même avant de commencer sa recherche. Cet accord va lui permettre de bien définir ce qu'il cherche et de le traduire sous la forme de petites phrases explicites. C'est essentiellement une façon de se conditionner et de favoriser la concentration. L'utilisation de l'orientation mentale la plus efficace est de l'écrire dans des petites bulles dessinées. L'association « écriture + cercle » favorise grandement la concentration grâce à un effet psycho-visuel.

Fading
C'est le moment redouté de l'opérateur : il se traduit par l'absence totale de réponse ou du mouvement du pendule. Les causes peuvent s'expliquer de différentes façons : manque de concentration, attention déviée par des causes extérieures (bruits, état de santé, environnement hostile). On peut comparer ce phénomène à un poste de radio qui ne capte plus rien. Le fading peut être dû à un état de fatigue, de saturation, d'ennuis personnels : toutes sortes d'éléments extérieurs venant agresser l'opérateur pendant sa recherche.

Faire le vide mental
Moyen, pour l'opérateur, de déconnecter son mental de la recherche qu'il est en train de faire. Il se met en

quelque sorte « hors circuit » afin de favoriser la ou les réponses qui vont jaillir de son inconscient. On crée cet état particulier par une autosuggestion volontaire, qui va s'opposer à toutes les diversions qui peuvent se produire. Ce moment passif est le moment-clé le plus important en radiesthésie et surtout le plus délicat. Toutes les erreurs commises en radiesthésie proviennent de ce moment particulier.

Fil de soutien
Un pendule, c'est d'abord une masse suspendue à un fil, et c'est cette dernière qui, grâce à son centre de gravité naturel, permet au pendule de tourner ou de balancer.

Girations ou mouvements du pendule
Le pendule traduit ses réponses par trois types de mouvements différents : soit il tourne à droite, c'est-à-dire qu'il reconstitue le mouvement des aiguilles d'une montre (on parle de « mouvement horaire »), soit à gauche, c'est-à-dire dans le sens contraire des aiguilles d'une montre (on parle de « mouvement anti-horaire »), soit il effectue des balancements, du haut vers le bas ou sur les côtés.
Chacun de ces mouvements traduit, en fait, une réponse, ce qui permet à l'opérateur de pouvoir l'interpréter :
- dans le sens horaire : oui, d'accord, positif.
- dans le sens anti-horaire : non, pas d'accord, négatif.
- en balancements : indication d'une direction ou de l'impossibilité d'avoir une réponse, parce que la demande est mal formulée.

Inconscient
Il se manifeste par des réponses non raisonnées qui sont, en fait, le résultat d'un travail de réflexion préparatoire favorisant les intuitions et les suggestions. Combien de grandes découvertes ont été le résultat de ce travail de l'inconscient, qui se concrétise au travers du fameux vide mental.

Orientation mentale
Façon d'aborder une recherche en la synthétisant. Avec cette approche, l'opérateur va pouvoir parfaitement saisir le but de sa recherche : comment l'orienter et la diriger, afin que sa pensée soit bien concentrée vers l'objet ou la chose recherchée.

Oscillations du pendule
Ce sont les mouvements de balancements du pendule.

Réglage du pendule
Ce terme souvent utilisé est, en fait, mal formulé. Il s'agit, en réalité, de régler sa prise en main du pendule, en le tenant entre le pouce et l'index, avec une chaîne courte ou longue.

Rémanence d'un objet
Phénomène qui influencerait l'opérateur au point que son pendule signalerait la présence de la chose recherchée, alors qu'elle n'est plus là... Il semblerait que ce soit, en réalité, un effet de l'imagination. Dans ce cas, il faut combattre ce doute par des certitudes, en prononçant une convention mentale forte, comme : *« Je désire être sensible UNIQUEMENT à la chose recherchée à l'exclusion de toute autre... »*

Suggestion
Moyen efficace qui permet de diriger, vers le cerveau, une idée ou une définition qui vont se matérialiser sous la forme d'un acte ou d'une réponse du pendule. Mais lorsque l'on y regarde de près, la suggestion est, en fait, une autosuggestion que s'impose l'opérateur dans toute recherche.
La suggestion est ambivalente, car elle est à la fois celle qui permet de trouver la solution dans une recherche, mais... aussi celle qui la fera échouer si elle est mal utilisée. Parfois, elle se traduit par une idée qui vient parasiter la recherche et l'orienter dans une fausse direction.

Téléradiesthésie
Méthode fréquemment utilisée en radiesthésie, qui permet à l'opérateur d'effectuer une recherche à distance, sur plan ou sur carte, sans se rendre sur le lieu de la recherche. Elle donne des résultats étonnants malgré son aspect virtuel.

Témoins
Ils servent à mieux se concentrer sur l'objet de la recherche. La pensée se focalise sur un objet ou une personne précise pour en faciliter la détection. Il y a quatre types de témoins :
- *naturels*, représentés par des échantillons des différentes matières recherchées (terre, roches, bijoux...).
- *artificiels*, utilisés lorsqu'on est dans l'impossibilité d'obtenir un échantillon réel. L'opérateur doit alors essayer de favoriser sa concentration vers l'objet représenté par un dessin, une photo, une phrase qui s'approchent le plus possible de l'objet.
- *imprégnés* : un objet ayant appartenu ou ayant été porté par une personne disparue (montre, bague, stylo, vêtement).
- *photos* : c'est le support le plus utilisé en recherches radiesthésiques. La photo en elle-même regroupe tous les éléments désirés avant une recherche : le lieu, l'ambiance, le sujet lui-même, son aspect, son état de santé... Ce témoin photo est indispensable dans le cas de recherches de personnes disparues. Il est considéré comme la pièce maîtresse de la recherche car, sans elle, il est bien difficile de chercher quelqu'un que l'on n'a jamais vu.

Trac
En radiesthésie, le trac existe souvent chez le débutant. D'emblée, il faut apprendre à l'évacuer très vite par des respirations lentes et prolongées. Et surtout parvenir à s'isoler mentalement en ne tenant pas compte des éléments extérieurs perturbateurs. Objectif : s'immerger totalement dans sa recherche.

Avertissement

Les Éditions Grancher tiennent à préciser que Michel Hennique, auteur de cet ouvrage, ne peut malheureusement pas accepter des recherches de sources hors du secteur de la Côte d'Azur, son planning étant réservé plusieurs mois à l'avance.

En ce qui concerne les recherches de personnes disparues, l'auteur pourra éventuellement y donner suite, à la condition que la demande lui soit transmise par la gendarmerie et après examen d'un dossier détaillé.

Pour toute autre question concernant ce livre, merci d'écrire à :

Michel Hennique
Editions Grancher
ZI de Bogues
31750 Escalquens

Bibliographie

Baumbach Henri, *La radiesthésie est une réalité,* Éditions Desforges

Castanet Gilbert, *Sourcier qui es-tu ?* Editions G. Castanet

Crozier Jean-Louis et Mandorla Jacques, *ABC de la radiesthésie,* Éditions Grancher

Lacroix à L'Henri, *Manuel de la radiesthésie,* Éditions Dangles

Lavalou, *Nouveau guide pratique de radiesthésie,* Éditions Librairie de l'Inconnu

Le Gall Maurice, *Toute la radiesthésie,* Éditions Dervy

Luzy Antoine, *Radiesthésie moderne,* Éditions Dangles

Mandorla Jacques, *ABC du magnétisme,* Éditions Grancher

Mandorla Jacques, *Croyez aux dons qui sont en vous,* Éditions Trajectoire

Moine Michel, *Guide de la radiesthésie,* Éditions Stock

Rocard Yves, *La science et les sourciers,* Éditions Dunod

Rocard Yves, *Le signal du Sourcier,* Éditions Dunod

Table des matières

sepec numérique

Impression & brochage - France
Numéro d'impression : N11565180189 - Achevé d'imprimer : Janvier 2019

IMPRIM'VERT®